한국어-일본어

병원용어

病院用語
の韓日表現

한국어-일본어

병원용어

장미영·손일선 공저

病院用語

張美英·孫一善 共著

の韓日表現

어문학사

●

장미영

재물을 잃으면 조금 잃는 것이요, 명예를 잃으면 많은 것을 잃는 것이고, 건강을 잃으면 모든 것을 잃는 것이다. 건강이 없으면 행복도 없다. 건강은 인생의 구심체이자 의욕의 자극제이다. 그래서 건강만큼 중요한 것은 세상에 없다고 한다.

몸이 아프면 세상이 지옥 같지만, 나으면 세상은 지상 낙원으로 변한다. 그래서 갑자기 아프거나 돌발 사고를 당했을 때, 보살펴 줄 사람을 찾지 못한다면 서러울 수밖에 없을 것이다. 그런데 보살펴 줄 사람이 있는데도 그 사람에게 자신의 아픈 상태를 제대로 말하지 못해서 적절한 도움을 받지 못한다면 그것만큼 답답한 일도 없다.

외국에 나가면 기후도 다르고, 물도 다르고, 음식도 다르고, 잠자리도 달라진다. 게다가 외국인들은 낯선 땅에 낯선 사람들과 같이 있다는 것 자체에 긴장한다. 타국에서 생활한다는 것은 '타국' 이라는 사실만으로도 정신적인 압박으로 작용한다.

　필자는 15년 넘게 외국인을 가르치면서, 자기 몸의 상태를 그 나라 사람에게 알기 쉽게 설명할 수 있는 의료 교육이 필요하다는 것을 절실히 느꼈다. 어떤 증세가 언제부터 나타났는지, 통증이 어느 정도인지, 어떤 부분이 어떻게 아픈지, 어떻게 도와주기를 원하는지 등을 정확하게 표현할 수 있어야 한다. 그와 더불어 도움을 주는 이들이 병세에 대해 묻는 말도 올바로 이해할 수 있어야 한다. 특히 기본적으로 병원을 어떻게 이용하는지, 병원에서는 주로 어떻게 말하는지 미리 이해하고 의사에게 알기 쉽게 설명하면 생활하는 데 무척 유용할 것이다.

　필자는 그간 외국인들에게 한국어와 한국 문화를 교육해 오면서 정작 정규 수업 시간보다 수업 시간 외에 외국인들과 보내는 시간이 더 많았다. 그 기간 동안 생각지 못한 많은 사고 소식을 접하곤 했다. 교통사고를 당했다거나, 축구를 하다가 다리가 부러졌다거나, 농구를 하다가 손이 삐었다거나, 목욕탕에서 미끄러져 걸을 수 없다거나, 생리통이 심하다거나, 귀걸이 때문에 귀가 찢어졌다거나, 온몸에 두드러기가 났다거나, 배가 심하게 아프다거나, 귀에 파리가 들어갔다거나, 계단에서 굴러 떨어졌다는 등의 갖가지 사고 소식을 들으면서 밤낮을 가리지 않고 약국과 병원을 찾아야 했다. 어떤 때에는 민간요법까지 동원해 가면서 통증을 호소하는 외국인 곁을 밤새도록 지켜야 했다. 위급했던 상황을 돌이켜 생각하면 지금도 등골이 오싹하다.

개인적으로도 예기치 못한 사고에 여러 번 놀란 가슴을 쓸어내려야 했다. 세 아이를 연달아 유산했고 그 후유증으로 반신마비 되었던 일, 네 아이를 집에서 출산하며 겪었던 일, 출산 후유증으로 온갖 통증에 시달렸던 일, 벽에 걸어 놓은 시계가 떨어져 잠자던 아이를 덮쳤던 일, 문틈에 아이의 손가락이 낀 줄 모르고 방문을 닫았던 일, 아이의 목에 생선 가시가 박혔던 일, 뜨거운 냄비를 의자 삼아 앉았던 아이가 엉덩이에 화상을 입었던 일……. 회상만으로도 당시에 경험했던 고통이 떠올라 눈물이 앞을 가린다.

여러 가지 경험을 싣고, 오랜 시간 동안 궁리한 끝에 드디어 책의 결실을 맺게 되었다. 결정적으로는 필자에게 아픔을 호소했던 외국인들과, 네 명의 아이들을 낳아 기르면서 겪었던 갖가지 경험 덕분에 이 책이 나오게 된 것 같다.

이 책은 사고를 당했거나 병에 걸렸을 때 병원에서 의사와 문답할 수 있는 유용한 한국어 표현들로 구성되었다. 병원에서 사용하는 서류 작성법, 아픈 증상을 표현하는 법, 병원을 이용하는 법, 치과·내과·이비인후과·비뇨기과·안과·피부과·산부인과·성형외과 등을 이용하는 법, 응급실을 이용하는 법, 의사와 환자 사이의 대화에서 주로 사용하는 표현, 약과 관련된 표현, 병원에서 주로 사용하는 일반적인 용어 등 다양한 내용을 담아 크게 12개의 챕터로 구성했다.

　2011년 6월 10일, 뜻밖에 일본 동경대학 대학원 약학계 연구과 의약정책학 특별연구원으로 계시는 손일선 선생님의 전화와 메일을 받게 되었다. 이미 출간된 『중국인을 위한 의료 한국어』를 토대로 일본어 화자를 위한 책을 만들고 싶다는 의견이었다. 반가운 마음에 필자는 선뜻 응했고 이후 한 번의 만남과 전화, 그리고 메일로 서로의 의견을 조율했다. 일본어 화자를 위한 책은 중국어 화자를 대상으로 했던 것과 달리 의료 관광을 기본으로 구성했다. 이에 진료 과목도 미용, 건강검진, 한방 등이 새롭게 더 추가되었다.

　일본과 한국을 오가며 바쁘게 연구하시는 손일선 선생님의 세심함과 일본 학생들의 의견이 덧붙여져 책의 내용이 한층 더 탄탄해졌다. 더 나은 양서를 만들기 위해 수정에 수정을 거듭하는 고단한 작업을 기꺼이 맡아주었던 손일선 선생님께 감사드린다. 또 병원에 관한 필자의 질문에 성실히 답변해 주었던 전주 예수병원 이비인후과 이시영 의사 선생님의 도움도 컸다. 마지막으로 책의 출판을 흔쾌히 수락해 주셨던 어문학사 윤석전 대표님께도 감사의 말씀을 전하고 싶다.

　　　　　　　　　　　　　　2012년 새해의 상쾌한 공기를 반기며
　　　　　　　　　　　　　천잠산 자락의 전주대학교 연구실에서

●

張美英

　財産を失うと少しを失い、名誉を失うと多くを失い、健康を失うとすべてを失うといわれる。健康でなければ、幸福もない。健康は意欲の源であり人生の根源でもある。健康ほど重要なものは世の中にはないといえる。

　世の中は、体の調子が良くないときは地獄のように、健康を取り戻せば天国に感じられる。さらに急な病気や事故の際、看病してくれる人がいないと精神的にもつらいものだ。　たとえ看病してくれる人がいたとしても、その人に自分の症状を正しく伝えられなかったせいで適切な処置をしてもらえなかったとすれば、それほどつらいことはない。

　外国で経験する違いはさまざまである。気候や言語はもちろん、水、食べ物といった食文化や生活スタイルも異なる。その上、人間は慣れないところに慣れない人といること自体に緊張する。

他国で生活するときは、他国ということ自体が精神的なストレスになるということである。

　筆者は15年以上、外国人相手に教鞭を執ってきたが、自分の体の状態をその国の人にわかりやすく説明できるようにさせる教育の必要性を痛感するようになった。どんな症状がいつごろから現れたのか、どんな部位がどのようにどのくらい痛いのか、どんなヘルプが必要なのか（どのような治療をしてもらいたいのか）を表現しなければならない。中でも病院の利用法を知ること、医師の話を理解できるようになることは特に有用であろう。

　筆者は今まで外国人を対象に韓国語と韓国文化を教えてきたが、実際にはそれらの授業時間外で外国人と過ごす時間が多かった。交通事故にあった、サッカーをして足が折れた、バスケで手を挫いた、風呂場で滑り歩けなくなった、生理痛、イヤリングで耳を怪我した、全身にじん麻疹が出た、お腹が激しく痛い、耳にハエが入った、階段から落ちた、といった連絡には昼夜を問わず、直ちに薬局と病院を訪ねた。ある時は民間療法まで試しながら、痛みを訴える外国人の側に立ち、彼らを守らなければいけなかった。どれも緊急の案件であり、当時の状況を振り返ってみると今でも背筋がひやりとする.

3人の子供を続けて流産したこと、流産後体の半身がマヒしたこと、4人の子供を家で出産したこと、出産後あまりの痛みに苦しんだこと、掛け時計が寝ている子供の上に落ちた事、不注意でドアの間に子供の指を挟んでしまったこと、子供の喉に魚の小骨がひっかかったこと、熱い鍋の上に座り子供が尻を火傷したこと。思い出すだけでもそのときの苦しみが蘇り涙がとまらない。この本は様々な経験と検討の上、執筆された。そのなかでも筆者に痛みを訴えた外国人の方々と4人の子供を生み育てた筆者自身の経験によるところが大きい。

　　この本は病気になった時、特に病院でのお医者さんとの会話に有用な韓国語表現からなっている。具体的には病院で使用する書類の作成法、痛みや症状の表現、病院の利用法として歯科、内科、耳鼻科、泌尿器科、眼科、皮膚科、産婦人科、形成外科、救急室の利用法、お医者さんと患者の会話、薬に関する表現、病院で主に使われる用語のなどの多様な内容による12章で構成されている。

　　2011年6月10日思いがけなく日本東京大学大学院薬学系研究科医薬政策学特別研究員をなさっている孫一善先生から電話とメールをいただいた。すでに出版されている中国語話者のための「病院韓国語」をもとに日本語話者のための本を作りたいという

ことであった。

　嬉しい知らせに筆者は喜んで応じ、以後1回のミーティングと電話、メールでお互いの意見を調整した。日本語話者のための本は中国語話者を対象にした「病院韓国語」とは違い医療観光を基本にしている。したがって診療科目も形成美容、健康検診、漢方などが新しく追加された。

　日本と韓国を行ったり来たりしながら研究する孫一善先生の繊細さと日本の学生たちの意見が加わり本の内容は忠実された。もっとよい本を作るため修正に修正を重ねた孫1善先生に感謝申し上げたい。病院に関する筆者の質問に丁寧に答えてくださった全州イェース病院耳鼻科のイシヨン先生のご協力も大きかった。この場を借りてお礼申し上げたい。この本の出版を快く引き受けてくださった語文学社ユンソクジョン代表にも感謝の念を伝えたい。

　　　　　　　2012年新春、長い干ばつの末降りだした甘雨の中で
　　　　　　　　　天蚕山の裾　全州大研究室にて

●

손일선

금번에 장미영 선생님과 공저로 책을 출간하게 되었다.

　개인적으로 1984년 대만 유학 시절을 시작으로 20년 이상을 외국에서 지내고 있다. 외국생활 속에서 제일 힘든 시기가 병이 났을 때이다. 자기의 상황을 상대방에게 정확하게 전달해야 하지만, 모국어도 아니고 일상 회화도 아닌 병원에서의 커뮤니케이션은 그야말로 통증 외의 또 하나의 고통이었다. 또한, 의료 제도는 그 나라의 역사나 문화에 따라 시스템이 다르기 때문에, 병원 이용에 있어 병과 더불어 컬처 쇼크까지 경험하게 된다.

　오랜 일본 유학 생활 동안 일상 회화와는 다른 의료용어 때문에 어려움이 많았다. 남편이 복막염으로 입원했을 때, 나 자신의 두 번에 걸친 출산 경험, 급성후두개염에 의한 입원, 딸의 입원 등 수차례에 걸친 병원생활마다 '한일 의료 관련 책자가 있었으면' 하고 생각했다. 특히 출산과 육아와 관련한 병명, 예방접종 등의 용어나 병원 이용 시 사용하는 용어

나 절차가 나라별로 달라 당황한 적이 많았다. 한국 내 거주하는 일본인도 이와 똑같은 경험을 하리라고 생각한다.

최근 동경대학에서 한일의료제도에 대해 비교 연구를 함과 동시에 사이타마대학에서 한국어와 한국 문화 개설을 담당하게 되었다. 이제까지의 일본 내 한국어 교재를 보면 일상 회화나 비즈니스에 관한 책은 많이 있으나, 그 외 분야에 대해서는 소개된 책자가 별로 없었다.

볼런티어 활동을 하고 있는 동경대학부속병원조차 한국인을 위한 의료 일본어 자료는 몇 페이지에 지나지 않는 불충분한 자료밖에 없었고, 병원 이용에 별로 도움이 되지 않았다. 한편, 사이타마 시의 외국인 시민위원으로 활동할 때에도, 외국인을 위한 일상생활 용어 가이드북이 배포되고 있었으나 의료에 관한 책자는 없었다. 일본 각지의 지자체를 보아도 마찬가지로 한일 의료 관련 자료를 찾았으나 용어가 통일되어 있지 않고, 기본적인 용어들조차 정리되어 있지 않거나 잘못 쓰여 있는 경우가 많았다. 이러한 한일 의료용어 갭을 메우기 위한 책을 집필하려고 생각하고 있던 차, 올봄 한국의 서점에서 앞에서 언급한 『중국인을 위한 의료 한국어』 서적을 보게 되었다. 한국을 방문하는 중국인들을 위한 의료 한국어 책은 중국인들에게 한국 병원에서 쓰이는 의료 한국어를 설명하기 위해 쓰인 책이었다. 대상이 중국인이고 한국어가 기본이 되어 있다보니 일본과 상황이 맞지 않아 새롭게 '일본인을 위한 의료 한국어' 내지는 '한국인을 위한 의료 일본어'라는 개념으로 가필 수정하기로 하였다. 이때 한국어와 일본어라는 언어의 장벽과 의료 분야라는 전문성을 고려하고 의료관광까지 염두에 두고 작업이 진행되었다.

이 책을 입수한 뒤로, 한국어 수업 시간에 5명의 일본인 학생들과 장별로 체크를 하면서 매주 의료와 관련한 한일 간의 용어와 표현들에 대해서 토론했다. 한 학기가 지났으나 진도는 생각처럼 나가지 않았고, 그 외 다른 분야의 병원 의료 관련 자료들을 찾으면서 시간은 계속 흘러갔다. 여름 방학 자료를 들고 한국으로 다시 나와 각각의 병원들을 찾아다니면서 다시 확인 작업에 들어갔다.

최근 우리나라는 신성장 동력의 한 부분으로 의료관광을 내세우고 있다. 한류 붐에 이어 의료관광으로 한국을 방문하는 일본인은 성형외과, 치과, 산부인과에서 한방에 이르기까지 활동 영역을 확대하고 있다. 이에 의료관광과 관련한 일본인을 위한 책자뿐만 아니라 여행가이드, 의료코디네이터도 참고로 할 수 있는 책자를 만들고자 했다.

이 책을 집필함에 있어서 고생하면서 협력해 준 石田広香、管野滋、延命正浩、前川志保子、桑江美咲 5명의 학생과, 마지막으로 본문 전체의 일본어를 체크해 준 仁正寺喜市、志澤優子 씨에게도 감사를 드린다.

이 책이 언어 장벽으로 애를 먹으면서 병원을 찾는 환자나 의료관광을 위한 의료코디네이터, 한국어나 일본어를 배우는 학생들에게 조금이

나마 보탬이 되기를 바란다.

2012년 1월 동경대학대학원 의약정책학 연구실에서

●

孫一善

　この度、張美英先生と共著で本を出版することになった。個人的には1984年の台湾留学を始めとして20年以上を他国で過ごしている。外国での生活で一番困ったのが病気になった時である。自分の状況を相手に正確に伝えないといけないが、母国語でもなく日常会話でもない病院でのコミュニケーションは病気に加え、さらなる苦しみとなる。また、医療制度はその国の歴史や文化により異なるため、病院ではその病気とともにカルチャーショックまで経験することになる。

　日本での留学生活も長く、日常会話とは異なる医療用語にずいぶん苦労した。

　主人が腹膜炎で入院した時や、私自身の2度の出産経験、急性喉頭蓋炎での入院、娘の入院など、病院生活をするたびに日韓の医療関連の本があればと思った。特に子供の出産と育児における

病名や予防接種などの用語や、病院利用時の基本的な用語や手続きについて、国による違いに慌てたことが多い。韓国に住む日本人も同じような経験をしているのではないか。

　最近、東京大学で日韓の医療制度について比較研究をすることになり、同時に埼玉大学で韓国語と韓国文化概説を担当することになった。今までの日本の韓国語教材をみると日常会話やビジネスに関する本はたくさんあるが、そのほかの分野に関して紹介している本は少ない。

　ボランティアをしている東京大学付属病院さえ、韓国人向けの医療日本語資料はあったが、数ページしかなく、病院利用においてあまり役に立つものではなかった。また、さいたま市の外国人市民委員としても活動しているが、こちらも生活用語については外国人向けのガイドブックはあるが、医療に関してはなかった。日本各地の自治体でも同様で日韓の医療関連資料を探したが、用語が統一していない、基本的な用語でさえ記載漏れや間違いがあるなど問題点は多かった。

　そこで、これら日韓の医療用語ギャップを穴埋めするような本を執筆しようと考えていたところ、今年の春、韓国の書店で冒頭に挙げた‘中国人のための医療韓国語’の本が目に入った。

韓国を訪れる「中国人のための医療韓国語」の本は、彼らに韓国の病院で使われている医療韓国語を説明する目的で書かれたものである。対象が中国人であるうえ、韓国語が基本になっているため日本と状況が合わない部分があり、'日本人のための医療韓国語'および'韓国人のための医療日本語'というコンセプトの下でその内容を加筆修正しながら執筆を進めていった。その際、韓国語と日本語という言語の壁や医療という専門性を考慮したうえで、近年話題の医療観光(メディカルツーリズム)についても視野に入れている。

　　その本を入手してからというもの、韓国語の授業中、5名の日本人学生と各章ごとにチェックをしながら毎週医療と関連した日韓の用語や表現について議論した。学期が終わってもこの作業はなかなか進まず、扱っていない部分の医療関連資料を探すうちに時間は過ぎていった。夏休みを利用し、この資料を持って韓国で再び各々の病院を回りながら確認作業に入った。

　　最近韓国では新しい成長戦略の一部として医療観光をあげている。韓流ブームに次ぐ医療観光で、韓国を訪問する日本人は形成外科、歯科、産婦人科から漢方まで拡大させながら増加している。したがって、執筆の際には医療観光を目的とした日本人向け

の医療ガイドブックであるとともに旅行ガイド、医療コーディネーターの参考にもなるよう心がけた。

　この本を執筆するにあたり、苦労しながらも手伝ってくれた石田広香、管野滋、延命正浩、前川志保子、桑江美咲の5人の学生と、最後に全本分の日本語をチェックしてくださった仁正寺喜市、志澤優子さんにも感謝を表したい。この本が、言語の壁にぶつかりながらも医者に掛らねばならない患者と医療観光のためのコーディネーター、そして韓国語と日本語を学ぶ学生達に少しでも役に立つことを願う。

2012年1月 東京大学大学院 医薬政策学研究室にて

Contents

알아두면 유용한 표현 / 知ると有益な表現

병원에 가기 전 준비사항

病院に行く前の準備事項

핵심어 キーワード 1

이름(한자, 영문)	名前(漢字、英文)
성별	性別
국적	国籍
여권번호	パスポート番号
외국인등록번호	外国人登録番号
주민등록번호	住民登録番号
생일	誕生日
생년월일	生年月日
나이	年齢
연락처	連絡先
집 전화	自宅の電話
직장 전화	職場の電話
전자 메일	電子メール
입국 일자	入国日付
주소	住所

단어 単語 2

남편 夫	본인 혈액형 本人の血液型
남편 이름 夫の名前	배우자 혈액형 配偶者の血液型
남편 생년월일 夫の生年月日	아들 혈액형 息子の血液型
남편 연락처 夫の連絡先	딸 혈액형 娘の血液型
남편 직장 전화 夫の職場電話	과거 병력 過去の病歴
남편 핸드폰 夫の携帯電話	고혈압 高血圧
남편 병력 夫の病歴	당뇨 糖尿
	결핵 結核
응급 시 연락 번호 緊急時連絡先	간염 肝炎
	천식 ぜん息
신체 身体	심장질환 心臓疾患
키 身長	암 癌
	갑상선 甲状腺
체중(몸무게) 体重	외상 外傷
임신 전 체중 妊娠前の体重	기타 その他
현재 체중 現在の体重	
혈액형 血液型	

암의 종류
癌の種類

간암 肝癌	난소암 卵巣癌
유방암 乳癌	대장암 大腸癌
위암 胃癌	갑상선암 甲状腺癌
자궁암 子宮癌	방광암 膀胱癌
폐암 肺癌	골수암 骨髄癌
피부암 皮膚癌	소장암 小腸癌
식도암 食道癌	

도움이 되는 표현 役に立つ表現 3

신장 身長

신장(키)이 몇이에요? 身長はどれくらいですか。

161㎝ '백육십일' 이에요. 161㎝です。

체중 体重

체중(몸무게)이 몇이에요? 体重はどれくらいですか。

50kg '오십킬로그램' 이에요. 50kgです。

혈압 血圧

혈압이 몇이에요? 血圧はどれくらいですか。

120/80 '백이십 / 팔십' 이에요. 120から80です。

대화
対話

Q : 고혈압이에요? 高血圧ですか。

A : 네, 고혈압이에요. はい、高血圧です。

Q : 저혈압이에요? 低血圧ですか。

A : 네, 저혈압이에요. はい、低血圧です。

Q : 정상이에요? 正常ですか。

A : 네, 정상이에요. はい、正常です。

현장 한국어 現場の韓国語 4

상담 相談

오늘은 어떤 증상으로 오셨나요?

今日はどういった症状で来られましたか。

언제부터 그런 증상이 나타났나요?

いつからそのような症状が出ましたか。

어느 부분이 저린가요? どの部位がしびれますか。

어떤 일을 하시나요? どんなお仕事をされてますか。

커피는 하루에 몇 잔 마시나요? コーヒーは一日何杯飲みますか。

담배를 피우세요? タバコを吸いますか。

현재 임신 중이십니까? 現在妊娠中ですか。

마취 후 부작용이 생긴 적이 있나요?

麻酔後、副作用が出たことはありますか。

입원한 적이 있나요? 入院したことがありますか。

● 입원한 적이 있어요. 入院したことがあります。

● 입원한 적이 없어요. 入院したことはありません。

수술 받은 적이 있나요? 手術を受けたことがありますか。

● 수술 받은 적이 있어요. 手術を受けたことがあります。

● 수술 받은 적이 없어요. 手術を受けたことはありません。

계속 먹고 있는 약이 있나요? 飲んでいる薬はありますか。

● 계속 먹고 있는 약이 있어요. 飲んでいる薬があります。

● 계속 먹고 있는 약이 없어요. 飲んでいる薬はありません。

시력이 얼마예요? 視力はどれくらいですか。

● 눈 나빠요. 目が悪いです。

● 안경 안 쓰면 안 보여요. メガネをかけないと見えません。

● 교정 시력은 좋아요. 矯正視力はいいです。

● 난시예요. 乱視です。

● 노안이에요. 老眼です。

Q : 눈, 좋아요? 目はいいですか。

A : 좋아요, 양쪽 다 1.5(일 점 오)예요.
いいです、両方1.5です。

Q : 좌측 시력이 얼마예요?
左側の視力はいくらですか。

A : 1.0(일 점 영)이에요. 1.0です。

Q : 우측 시력이 얼마예요?
右側の視力はいくらですか。

A : 0.8(영 점 팔)이에요. 0.8です。

청력이 좋아요? 聴力はいいですか。

● 좌측 청력은 좋아요. 左側の聴力はいいです。

● 왼쪽은 잘 들려요. 左側は良く聞こえます。

● 우측 청력은 안 좋아요. 右側の聴力は良くないです。

● 오른쪽은 잘 안 들려요. 右側は良く聞こえません。

처방 処方

처방된 약은 아프지 않더라도 꼭 드세요.

処方した薬は具合が悪くなくても飲んでください。

수술 후 2일 동안은 얼음찜질을 해주세요.

手術後、二日間は氷の湿布をしてください。

수술 후 3일 정도는 운동이나 힘든 일은 하지 마십시오.

手術後3日くらいは、激しい運動や無理な仕事は控えてください。

몸을 따뜻하게 하시기 바랍니다.

体を温めるようにしてください。

목욕을 오래하거나 땀을 많이 흘리는 것을 피하십시오.

お風呂に長時間入ったり、汗をたくさん流すことは控えてください。

기타 표현들 その他の表現

의사 医者

수술하기로 결정하셨네요.

手術されると決められましたね。

수술 동의서를 써 주세요.

手術同意書にご記入ください。

한국 내에 연락 가능한 주소와 핸드폰 번호를 적어 주세요.

韓国内で連絡できる住所と携帯番号をご記入ください。

환자 患者

상담은 끝났나요? 相談は終わりましたか。

치료는 아프지는 않나요? 治療は痛くありませんか。

보험으로 커버되나요? 保険が効きますか。

임신 중에도 치료를 받을 수 있나요?

妊娠中でも治療を受けられますか。

마취하면 아프지 않나요?

麻酔をすれば、痛くないですか。

한 번 시술하면 어느 정도 효과가 있나요?

一回の治療でどの位効果がありますか。

치료가 완전히 끝날 때까지 얼마나 걸립니까?

治療が終わるまで時間はどのくらいかかりますか。

핵심어 キーワード 1

몸	体	구토	嘔吐
열	熱	감기	風邪(感冒)
한기	寒気	가려움	かゆみ
땀	汗	화끈거림	ひりひり
부기	むくみ	수포	水疱
몸무게	体重	두드러기	じんましん
통증	痛み	점	ほくろ(母斑)
오한	悪寒	화상	やけど(熱傷)
복통	腹痛	변비	便秘
두통	頭痛	알레르기	アレルギー
흉통	胸痛		

 단어 単語 2

여기 ここ

여기가 아파요.
ここが痛いです。
이쪽이 아파요.
こっちが痛いです。

몸 体

몸이 안 좋아요.
体が良くないです。
몸이 피곤해요.
体が疲れます。
온몸이 아파요.
全身の具合(調子)が悪いです。
몸이 무거워요.
全身が重いです。
몸이 거뜬해요.
体が軽いです。

몸이 가벼워요.
体が軽いです。

열 熱

열이 나요. 熱があります。
열이 많아요. 熱が高いです。
열이 높아요. 熱が高いです。
열을 식혀요. 熱を冷やします。
열을 내려요. 熱を下げます。
열을 재요. 熱を測ります。
체온을 재요. 体温を測ります。

한기 寒気

한기가 들어요. 寒気がします。
몸이 추워요. 体が寒いです。
몸이 오슬오슬 추워요.
体がぞくぞく寒いです。

 대화 対話

Q : 체온이 얼마예요? 体温はいくらですか。
A : 38℃ (삼십팔도)예요. 38℃です。

몸이 떨려요. 体が震えます。
오한이 나요. 悪寒がします。

땀 汗

땀이 나요. 汗をかきます。
땀이 많아요.
汗がたくさん出ます(汗をた
くさんかきます)。
땀이 많이 나요.
汗がたくさん出ます。
식은땀이 나요.
冷や汗が出ます。
밤에 잘 때 땀이 많이 나요. 夜寝
る時汗をたくさんかきます。
손바닥에서 땀이 많이 나요.
手のひらに汗をたくさんかき
ます。
아무리 더워도 땀 한 방울 안 흘려요.
どんなに暑くても一滴の汗も
流れません。
땀이 적어요.
汗をあまりかきません。
땀이 안 나요. 汗をかきません。
땀이 없어요. 汗をかきません。

부기 むくみ

얼굴에 부기가 있어요.
顔にむくみがあります。
얼굴이 부었어요.
顔がむくんでいます。
부기가 빠졌어요.
むくみが引きました。
부기가 없어졌어요.
むくみがなくなりました。
부으면 안 좋아요.
むくんだらいけません。

몸무게 体重

몸무게가 얼마예요?
体重はいくらですか。
몸무게가 늘었어요.
体重が増えました。
몸무게가 줄었어요.
体重が減りました。
몸무게를 늘리고 싶어요.
体重を増やしたいです。
몸무게를 줄이고 싶어요.
体重を減らしたいです。
살 찌고 싶어요. 太りたいです。
살 빼고 싶어요. 痩せたいです。

도움이 되는 표현 役に立つ表現

어디가 아파요? どこが痛いですか。

밥만 먹으면 배가 아파요. ご飯を食べるといつもお腹が痛いです。

여기가 아파요. ここが痛いです。

이쪽이 아파요. この辺が痛いです。

그쪽이 아파요. その辺が痛いです。

거기가 아파요. そこが痛いです。

그 위쪽으로 아파요. その上の方が痛いです。

그 아래쪽으로 아파요. その下の方が痛いです。

오른쪽 옆구리 밑이 아파요. 右側の脇腹の下が痛いです。

왼쪽 옆구리 밑이 아파요. 左側の脇腹の下が痛いです。

머리 頭

머리가 아파요. 頭が痛いです。

머리가 지끈지끈 아파요. 頭がずきんずきんと痛いです。

머리가 무거워요. 頭が重いです。

머리가 쪼개질 듯이 아파요. 頭が割れるように痛いです。

머리가 깨질 듯이 아파요. 頭が割れるように痛いです。

머리가 터질 듯이 아파요. 頭が裂けるように痛いです。

머리가 갈라질 듯이 아파요. 頭が割れるように痛いです。

머리가 조금 아파요. 頭が少し痛いです。

머리가 약간 아파요. 頭が若干痛いです。

머리가 매우 아파요. 頭がとても痛いです。

머리가 울려요. 頭が鳴ります。

골이 흔들려요. 頭が揺れます。

뒷골이 당겨요. 後頭部が引きつります。

머리가 계속 아파요. 頭痛が続いています。

편두통이 있어요. 偏頭痛があります。

열이 있어요. 熱があります。

어지러워요. 目眩がします。

뒷골이 당겨요. 後頭部がひきつります。

머리가 띵해요. 頭ががんがん痛いです。

머리가 빙빙 돌아요. 頭がくらくらします。

눈 目

눈이 아파요. 目が痛いです。

눈알이 빠지게 아파요. 目がものすごく痛いです。

눈물이 줄줄 흘러요. 涙がぼろぼろ流れます。

눈이 잘 충혈돼요. 目がよく充血します。

눈이 가려워요. 目がかゆいです。

눈이 따가워요. 目がひりひりと痛いです。

눈꺼풀이 부었어요. まぶたが腫れています。

물체가 두 개로 보여요. ものが二重に見えます。

눈에 뭐가 들어갔어요. 目に何か入って来ました。

눈병이 생겼어요. 眼病になりました。

시력이 점점 나빠지고 있어요.
視力がだんだんと悪くなっています。

귀 耳

귀가 아파요. 耳が痛いです。

왼쪽 귀가 아파요. 左側の耳が痛いです。

오른쪽 귀가 아파요. 右側の耳が痛いです。

귀가 막힌 것 같아요. 耳がふさがったようです。

귀가 멍멍해요. 耳がぼうっとしています。

귀가 울려요. 耳鳴りがします。

귀에서 분비물이 나와요. 耳から分泌液が出てきます。

귀가 잘 안 들리고 어지러워요. 耳がよく聞こえずめまいがします。

귀가 잘 안 들려요. 耳がよく聞こえません。

귓속으로 벌레가 들어갔어요. 耳の中に虫が入りました。

귀에서 냄새가 나요. 耳から匂いがします。

귀에서 진물이 나요. 耳から粘液が出ます。

귀에서 소리가 나요. 耳鳴りがします。

이명 때문에 괴로워요. 耳鳴りでつらいです。

코 鼻

코가 막혔어요. 鼻がつまりました。

코가 자주 막혀요. 鼻がよくつまります。

코가 항상 막혀 있어요. 鼻がいつもつまっています。

코피가 자주 나요. 鼻血がよく出ます。

콧물이 나와요. 鼻水が出ます。

코에서 고름이 나와요. 鼻から膿が出てきます。

재채기를 자주 해요. くしゃみをよくします。

콧속이 간지러워요. 鼻の中がくすぐったいです。

먼지 알레르기가 있어요. ほこりアレルギーがあります。

꽃가루 알레르기가 있어요. 花粉アレルギーがあります。

코맹맹이 소리를 내요. 鼻づまりの声になりました。

목 喉

목구멍이 너무 아파요. 喉がとても痛いです。

목이 쓰라려요. 喉がひりひりします。

침도 못 삼켜요. つばも飲込めません。

침 삼킬 때 목이 아파요. つばを飲込む時喉が痛いです。

음식을 삼킬 때 목이 아파요. 食べ物を飲込む時、喉が痛いです。

목구멍이 부은 것 같아요. 喉が腫れたようです。

편도선이 부었어요. 扁桃腺が腫れました。

목 안이 따끔따끔 해요. 喉の奥がひりひりします。

목이 쉬었어요. 喉がかれました。

입 口

입이 말랐어요. 口が乾いています。

입 안이 끈적거려요. 口の中がべとついてます。

입에서 단내가 나요. 口に臭いが出ます。

입 냄새가 심해요. 口臭がひどいです。

이 歯

이가 아파요. 歯が痛いです。

이가 심하게 아파요. 歯がひどく痛いです。

충치가 있어요. 虫歯があります。

이가 부러졌어요. 歯が折れました。

이가 빠졌어요. 歯が抜けました。

위 어금니가 아파요. 上の奥歯が痛いです。

아래 송곳니가 아파요. 下の犬歯が痛いです。

사랑니가 나서 아파요. 親知らずが出て痛いです。

치아가 고르지 못해요. 歯が揃ってません。

치석이 있어요. 歯石があります。

잇몸이 부었어요. 歯ぐきが腫れてます。

잇몸에서 피가 나요. 歯ぐきから血が出ます。

틀니가 맞지 않아요. 入れ歯が合っていません。

교합이 잘 안 맞네요. 咬み合わせがよくありません。

손 手

손이 저려요. 手がしびれます。

손이 뜨거워요. 手がほてります。

손이 시려요. 手が冷えます。

손에 감각이 없어요. 手の感覚がありません。

손마디가 쑤셔요. 手の関節がうずきます。

손목이 시큰거려요. 手首がずきずきします。

손가락을 베었어요. 手の指を切りました。

뜨거운 물에 손을 데었어요. 熱いお湯で手をやけどしました。

손바닥에 가시가 박혔어요. 手のひらにとげが刺さりました。

손바닥 껍질이 벗겨져요. 手のひらの皮がむけました。

손톱이 찢어졌어요. 手の爪が裂けました。

손가락이 삐었어요. 手の指をくじきました。

손가락을 망치로 때렸어요. 手の指を槌で叩いてしまった。

둘째 손가락이 문틈에 끼었어요.

人差し指が戸の隙間にはさまれました。

발 足

발이 커요. 足が大きいです。

발이 작아요. 足が小さいです。

볼이 넓어요. 足の幅が広いです。

볼이 좁아요. 足の幅が狭いです。

엄지발가락이 밖으로 휘었어요. 足の親指が外に曲がっています。

무지 외반증이에요. 外反母趾です。

평발이에요. 扁平足です。

새끼발가락이 퉁퉁 부었어요. 足の小指がぶくぶく腫れています。

새끼발가락 발톱이 쪼개졌어요. 足の小指の爪が裂けています。

네 번째 발가락에 발톱 무좀이 생겼어요.

足の四番目の指の爪に水虫ができました。

발에 무좀이 심해요. 足の水虫がひどいです。

발뒤꿈치가 찌릿찌릿 아파요. かかとがぴりぴりと痛いです。

발뒤꿈치 각질이 심해요. かかとの角質がひどいです。

발뒤꿈치 굳은살을 긁어냈어요.
かかとのまめをつぶしました。

다리 脚

다리가 아파요. 足が痛いです。

뒷다리가 당겨요. 後ろ足が引きつります。

오른쪽 다리에 통증이 심해요. 右側の足の痛みがひどいです。

다리가 저려요. 足がしびれます。

다리에 쥐가 났어요. 足にけいれんが起きました。

다리 근육이 뭉쳤어요. 足の筋肉がしこりになりました。

무릎이 굽혀지지 않아요. 膝が曲がりません。

양쪽 무릎이 화끈거려요. 両方の膝がかっかとほてります。

넓적다리가 아파요. 太ももが痛いです。

다리가 골절됐어요. 足を骨折しました。

다리가 부러졌어요. 足が折れました。

발목을 삐끗했어요. 足首をぎくっとくじきました。

발목을 삐었어요. 足首をくじきました。

발목을 접질렸어요. 足首の関節をくじきました。

배 腹

식욕이 없어요. 食欲がありません。

식욕이 좋아요. 食欲がよくあります。

식욕이 왕성해요. 食欲が旺盛です。

밥을 잘 먹어요. ご飯をよく食べます。

밥을 잘 못 먹어요. ご飯をあまり食べられません。

소화가 잘 안 돼요. 消化がよくありません。

윗배가 아파요. 上腹が痛いです。

아랫배가 아파요. 下腹が痛いです。

옆구리가 아파요. わき腹が痛いです。

배가 살살 아파요. お腹がちくちく痛いです。

배가 콕콕 쑤셔요. お腹がずきずきとうずきます。

배가 더부룩해요. 胃がもたれます。

헛배가 불러요. お腹がはります。

식욕이 없어요. 食欲がないです。

옆구리가 움켜쥔 듯이 아파요.

わき腹が締め付けられるように痛いです。

구역질이 나요. 嘔吐します。

자주 토해요. よく吐きます。

토할 것 같아요. 吐きそうです。

배에 가스가 차요. お腹にガスがたまります。

배설기관 排泄器官

설사를 해요. 下痢を起こしました。

김치만 먹으면 설사를 해요.

キムチだけ食べると下痢を起こします。

방귀를 자주 뀌어요. おならをよくします

변비예요. 便秘です。

변비가 있어요. 便秘があります。

삼 일에 한 번씩 화장실에 가요. 三日に一回ずつトイレへ行きます。

항문에서 피가 나요. 肛門から血が出ます。

대변에 피가 섞여 나와요. 大便に血が混じって出ます。

속이 메슥거려요. 腹の中がむかむかします。

식중독에 걸렸어요. 食中毒にかかりました。

저는 단것을 좋아해요. 私は甘いものが好きです。

저는 기름진 음식을 좋아해요. 私は油っこい食べ物が好きです。

저는 매운 음식을 좋아해요. 私は辛い食べ物が好きです。

오줌 尿

오줌 누기 힘들어요. 尿をするのが大変です。

오줌을 눌 수 없어요. 尿が出ません。

하룻밤에도 오줌을 누려고 세 번이나 일어나요.
一晩に尿をしに三回も起きます。

하루에 소변을 이십 번 이상 봐요. 一日に尿を20回以上します。

오줌 누고 나면, 뭔가 남은 것 같아요.
尿が出ると、何か残るようです【残尿感】。

오줌에 피가 섞여 나와요. 尿に血が混じって出ます。

오줌에 돌이 섞여 나왔어요. 尿に石が混じって出てきました。

얼굴이 붓고 손이 부어요. 顔が腫れて手が腫れてます。

오줌 눌 때 아파요. 尿をする時痛いです。

생식기가 가려워요. 生殖器がかゆいです。

무모증 때문에 고민이에요. 無毛症のため悩んでいます。

뼈 骨

목이 뻣뻣해요. 首がこわばってます。

접촉 사고로 목을 다쳤어요. 接触事故で首を痛めました。

목에 감각이 없어요. 首の感覚がありません。

허리가 아파요. 腰が痛いです。

의자를 들다가 허리를 삐끗했어요.

椅子を持って腰がぎくっとしました。

허리에서 '툭' 하는 소리가 났어요.

腰から「ぼきっ」という音が出ました。

허리가 끊어질 듯이 아파요. 腰が切れるように痛いです。

허리 디스크예요. 椎間板ヘルニアです。

어깨가 빠졌어요. 肩が外れました。

어깨뼈 근처가 아파요. 肩骨付近が痛いです。

어깨가 굳었어요. 肩が固くなりました。

오십견이에요. 五十肩です。

근육을 다쳤어요. 筋肉を痛めました。

팔 腕

팔이 부었어요. 腕が腫れました。

팔에 쥐가 났어요. 腕がけいれんを起こしました。

팔꿈치가 까졌어요. 肘を擦りむきました。

팔에 멍이 들었어요. 腕にあざができました。

팔에 물집이 생겼어요. 腕に水疱ができました。

팔에 아토피가 있어요. 腕にアトピーがあります。

팔꿈치에 티눈이 생겼어요. 肘に魚の目ができました。

팔이 너무 가려워요. 腕がとてもかゆいです。

팔이 부러졌어요. 腕が折れました。

팔이 돌아갔어요. 腕が曲がりました。

팔꿈치 관절에 물이 찼어요. 肘の関節に水が溜まりました。

팔이 올라가지 않아요. 腕を上げられません。

헛짚어 손목이 꼬였어요. 踏み外して手首が曲がりました。

현장 한국어 現場の韓国語 4

통증을 어떻게 말해요? 痛みをどう言いますか。

쑤셔요. うずきます。

- 콕콕 쑤셔요. つん, つんとうずきます。
- 바늘로 찌르는 듯이 쑤셔요. 針でさすようにうずきます。
- 온몸이 다 쑤셔요. 全身がうずきます。

근질근질해요. むずむずします。

- 벌레가 기어가는 듯이 근질근질해요. 虫が這うようにむずむずします。
- 참을 만하게 가려워요. 我慢できるくらいかゆいです。
- 참기 어렵게 가려워요. 我慢ができない程かゆいです。

숨이 차요. 息が切れます。

- 쉽게 숨이 차요. すぐに息が切れます。
- 숨 쉬기가 어려워요. 息をするのが難しいです。
- 숨 쉬는 것이 힘들 정도예요. 息をするのが苦しいくらいです。
- 숨을 헐떡거려요. しきりに息切れします。

기침이 나요. くしゃみが出ます。

- 기침이 계속 나요. くしゃみが続けて出ます。

●기침이 계속 나고 열이 약간 있어요.
くしゃみが続けて出て熱が若干あります。

어디가 아파요? どこが痛いですか。（どうしましたか。）

●병명이 뭐예요? 病名は何ですか。

●왜 아파요? なぜ痛いですか。

수술이 필요해요? 手術が必要ですか。

●수술하나요? 手術するんですか。

●수술해야 되나요? 手術しなければなりませんか。

비용은 얼마나 드나요? 費用はどの位かかりますか。

●얼마예요? いくらですか。

●다 합쳐서 비용이 얼마예요? 全部合わせて費用はどの位ですか。

여드름이 자꾸 나요. にきびがしきりに出ます。

●온몸에 두드러기가 났어요. 全身にじん麻疹が出ました。

●등에 여드름이 많아요. 背中ににきびが多いです。

●팔에 붉은 반점이 생겼어요. 腕に赤い斑点が出ました。

●아토피성 피부염이 있어요. アトピー性皮膚炎があります。

●습진이 심해요. 湿疹がひどいです。

● 발진이 있어요. 発疹があります.

● 손에 물집이 생겼어요. 手に水疱ができました.

● 코에 종기가 났어요. 鼻にできものが出ました.

● 너무 가려워서 긁었어요. とてもかゆいので掻きました.

생리가 없어졌어요. 生理がなくなりました.

● 냉이 있어요. 冷え性があります.

● 대하가 있어요. 帯下があります.

● 생리 양이 많아요. 生理の量が多いです.

● 생리 양이 적어요. 生理の量が少ないです.

● 생리가 규칙적이에요. 生理が規則的です.

● 생리가 불규칙적이에요. 生理が不規則的です.

● 생리가 있다가 없다가 해요. 生理があったりなかったりします.

● 생리가 불규칙해요. 生理が不規則です.

● 생리불순이에요. 生理不順です.

● 생리 때가 아닌데 출혈이 있어요. 生理時でないのに出血があります.

● 생리를 일주일 넘게 해요. 生理が一週間を超えます.

● 생리가 2주일 늦어요. 生理が2週間遅れます.

● 지난달 생리가 없었어요. 先月、生理がありませんでした。

● 지난달 생리는 3일에 시작해서 10일에 끝났어요.

　先月、生理は3日に始まって10日に終わりました。

● 마지막 생리는 4월에 있었어요. (최종 월경은 4월에 있었어요.)

　最後の生理は4月にありました。(最終月経は4月にありました。)

입원 시 용어 入院時の用語

Q: 여행사를 통해 보미 병원을 소개받았습니다. 진료를 받을 수 있을까요? 旅行社からボミ病院を紹介されました。診察を受けることができますか。

● 친구로부터 피부과의 권보미 선생님을 소개받았습니다.
友達から皮膚科の權普美先生を紹介されました。

● 권보미 선생님은 매주 월요일, 수요일 오전에 외래 진료를 하고 계십니다. 權普美先生は毎週月曜日と水曜日午前に外来診察をしております。

● 그럼, 화요일 오전 10시로 예약하겠습니다.
では、火曜日午前10時に予約いたします。

Q: 외래진료 후 바로 입원이 가능한가요?
外来診察後すぐ入院できますか。

Q: 입원할 때에는 무엇을 준비하면 되나요?
入院時には何を準備すればいいでしょうか。

● 환자용 이불 세트와 환자복 이외, 세면 도구와 필요한 물건은 가지고 오세요. (준비해야 합니다.)
患者用の布団セットと患者服以外、洗面道具や必要なものをお持ちください(準備しなければなりません)。

● 일본 병원의 주치의 소견서와 CT, MRI 등이 있으면 갖고 오세요.

입원 시 용어 入院時の用語

日本の病院の主治医の紹介状とCT，MRIなどがあればお持ちください。

● 현재 복용하고 있는 약이 있으면 처방전이나 약을 들고 오세요. 現在内服中のお薬があれば、処方箋またはお薬をお持ちください。

Q: 수술하는 경우에는 보호자가 없으면 안 되나요?
手術の場合、保護者がいなければならないでしょうか。

● 한국에서는 입원을 하게 되면 보호자가 병원에서 같이 자게 됩니다. 韓国では入院をすると、保護者が病院でいっしょに泊まります。

● 보호자 대신 간병인이 있기도 합니다. 保護者の代わりに付き添い(看病人)がいる場合もあります。

● 수술 시에는 반드시 보호자가 필요하며, 의사로부터 수술에 관한 설명을 듣고 동의서에 사인해야 합니다. 手術の時はかならず保護者がいらっしゃらないといけませんし、お医者さんから手術に関する説明を聞き、同意書にサインしなければなりません。

● 환자 본인의 동의서 사인만으로도 수술이 가능합니다. 患者本人の同意書のサインだけでも手術は可能です。

입원 시 용어 入院時の用語

Q: 입원 비용은 어느 정도인가요?

入院費はどの位でしょうか。

- 진료비 영수증 발급을 부탁합니다.

  診療費領収証の発行をお願いします。

- 진료비 영수증의 재발행을 부탁합니다.

  診療費領収証の再発行をお願いします。

Q: 입원환자의 면회 시간은 언제입니까

入院患者の面会時間はいつですか。

- 중환자실 환자의 절대안정을 위해 면회 사절입니다.

  重患者室の患者の絶対安静のため面会お断りです。

- 면회 시간 이외의 면회를 삼가주시기 바랍니다.

  面会時間以外の面会を控えてください。

- 입원병실은 1인실, 2인실, 4인실, 6인실이 있습니다.

  入院病室は1人部屋、2人部屋、4人部屋、6人部屋があります。

핵심어 キーワード 1

병원	病院	전염	伝染（感染）
접수 창구	受付	X-ray	X線撮影/レントゲン
보건소	保健所	링거	点滴
약국	薬局	혈압	血圧
수납	会計	CT	CTスキャン
원무과	医事課	조영제	造影剤
간호사실	ナースセンター	금식	絶食
간병인	看病人	체온	体温
병동	病棟	맥박	脈（脈拍）
수술실	手術室	혈액검사	血液検査
마취	麻酔		
부작용	副作用		

단어 <ruby>単語<rt></rt></ruby> 2

병원이 뭐예요? 病院って何ですか。

병원은 몸이 아플 때 찾아가는 곳이에요.
病院は体が痛い時訪れる所です。

병원의 종류에 대해서 알려 주세요.
病院の種類について教えてください。

병원은 크기에 따라 病院は大きさにより

종합병원 総合病院	개인병원 個人病院
대학병원 大学病院	보건소 保健所
전문병원 専門病院	보건지소 保健支所
등이 있어요. 等があります。	

전문 병원은 아픈 곳에 따라 専門病院は痛い場所により

안과 眼科	산부인과 産婦人科
소아과 小児科	치과 歯科
정형외과 整形外科	신경외과 神経外科
이비인후과 耳鼻咽喉科	비뇨기과 泌尿器科
외과 外科	
등이 있어요. 等があります。	

안과 眼科

눈이 아플 때 안과에 가요. 目が痛い時は、眼科へ行ってください。
시력이 나쁠 때 안과에 가요.
視力が悪い時は眼科へ行ってください。

소아과 小児科

아기가 아플 때 소아과에 가요.
赤ちゃんの具合が悪いときは、小児科へ行ってください。

어린이가 아플 때 소아과에 가요.
子供の具合が悪いときは、小児科へ行ってください。

신체 이름 身体名称

얼굴 顔	뼈 骨
눈 目	가슴 胸
코 鼻	배 腹
입 口	등 背
귀 耳	
머리 頭	팔목 手首
이마 額	발목 足首
눈썹 眉	팔꿈치 肘
	발꿈치 踵
손 手	
발 足	생식기 生殖器
팔 腕	배설기관 排泄器官
다리 脚	항문 肛門
살 肉	피부 皮膚

정형외과 整形外科

뼈를 다쳤을 때 정형외과에 가요.
骨をけがした時、整形外科へ行ってください。

이비인후과 耳鼻咽喉科

귀가 아플 때 이비인후과에 가요.
耳の具合が悪いときは、耳鼻咽喉科へ行ってください。

코가 아플 때 이비인후과에 가요.
鼻の具合が悪いときは、耳鼻咽喉科へ行ってください。

목이 아플 때 이비인후과에 가요.
首の具合が悪いときは、耳鼻咽喉科へ行ってください。

귀, 코, 목 등이 아플 때 이비인후과에 가요. 耳、鼻、首の具合が悪い
ときは、耳鼻咽喉科へ行ってください。

외과 外科

몸의 상처를 치료할 때 외과에 가요.
体の傷を治療する時、外科へ行ってください。

산부인과 産婦人科

아기를 낳으려고 할 때 산부인과에 가요.
赤ちゃんを産む時、産婦人科へ行ってください。

치과 歯科

이가 아플 때 치과에 가요. 歯が痛い時は歯科へ行ってください。

신경외과 神経外科

머리가 아플 때 신경외과에 가요.
頭が痛い時は神経外科へ行ってください。

흉부외과 胸部外科

가슴이 아프면 흉부외과에 가요.
胸が痛い時は、胸部外科へ行ってください。

피부과 皮膚科

피부가 가려우면 피부과에 가요. 皮膚がかゆい時は、皮膚科へ行っ
てください。

비뇨기과 泌尿器科

생식기가 아프면 비뇨기과에 가요
生殖器が痛いときは、泌尿器科へ行ってください。
배설기관이 아프면 비뇨기과에 가요.
排泄器が痛いときは、泌尿器科へ行ってください。

도움이 되는 표현 役に立つ表現

병원 접수창구는 어떻게 이용해요?
病院窓口はどうやって利用するんですか。

- 병원에 들어가서 번호표를 뽑아요.

  病院に入って番号表を抜き取ります。

- 번호를 부를 때까지 순서를 기다려요.

  番号を呼ぶまで順番を待ちます。

- 자기 순서가 되면 접수창구에 의료보험증을 주세요.

  自分の順番が来たら受付で医療保険証を出してください。

- 그런 다음 창구 안내원의 안내에 따라 행동해요.

  その次は案内員に従って行動してください。

- 이름이나 번호를 부르면 진료실로 들어오세요.

  名前や番号を呼んだら診療室へ入ってください。

- 진료가 끝나면 처방전을 받으세요.

  診療が終わったら処方箋を受け取ってください。

- 접수창구에 가서 진료비를 내요.

  受付窓口へ行って診療費を払ってください。

초진이에요? 初診ですか。

건강보험증 있어요? 健康保険証ありますか。

약국은 어떻게 이용해요? 薬局はどうやって利用するんですか。

- 약국에 들어가서 순서를 기다려요.

  薬局へ入って順番を待ってください。

- 자기 순서가 되면 병원에서 받은 처방전을 직원에게 주세요.

自分の順番になったら病院で受け取った処方箋を職員へ渡してください。

● 그런 다음 약사로부터 약을 받아요.

そうして次は薬剤師から薬を受け取ってください。

● 약사의 설명을 잘 들으세요. 薬剤師の説明をよく聞いてください。

● 약값을 내세요. 薬の代金を払ってください。

의료보험 가입은 어떻게 해요? 医療保険加入はどうやってますか。

● 국민건강보험공단에 문의해요.

国民健康保険公団へ問い合わせてください。

● 영어 안내는 (02-390-2000) 에 문의해요.

英語案内は02-390-2000へ問い合わせてください。

병원 접수창구 서류 病院受付書類

환자 인적 사항 확인 患者個人事項確認

성명 姓名　　　　　주소 住所　　　　　주민번호 住民番号
전화번호 電話番号　　우편번호 郵便番号

내원 여부 확인 来院歴確認

최초내원일 初診日
최종내원일 最終来院日　입원 여부 入院当否

병원 방문 목적 확인 病院訪問目的確認

병원 방문 목적 病院訪問目的
아파서 痛くて　　　서류 떼러 書類を貰うため

진료과 접수 診療科受付

현장 한국어 現場の韓国語

병원 접수창구에서 사용할 수 있는 표현
病院受付窓口で使用出来る表現

● 저는 권용일 박사님께 진료받아요.

　私は権容一博士に診療を受けます。

● 저는 권용일 박사님을 만나러 왔어요.

　私は権容一博士に会いに来ました。

● 진료/건강검진을 받으러 왔어요.

　診察・健康診断を受けにきたのですが。

● 외래접수를 하고 싶은데요.

　外来の受付をしたいのですが。

● 예약은 안 했어요.

　予約はしていません。

● 미리 예약 전화를 했어요.

　前もって予約の電話をしました。

어디로 가요? どこに行けばいいですか。

● 임신했어요, 어디로 가요?

　妊娠しました、どこに行きますか。

● 아기가 아파요, 어디로 가요?

　赤ちゃんの具合が悪いです、どこに行きますか。

● 이가 아파요, 어디로 가요? 歯が痛いです、どこに行きますか。

● 눈이 아파요, 어디로 가요? 目が痛いです、どこに行きますか。

● 귀가 아파요, 어디로 가요? 耳が痛いです、どこに行きます。

● 피부가 가려워요, 어디로 가요? 皮膚がかゆいです、どこに行きますか。

● 코가 아파요, 어디로 가요? 鼻が痛いです、どこに行きますか。

● 항문이 아파요, 어디로 가요? 肛門が痛いです、どこに行きますか。

● 머리가 아파요, 어디로 가요? 頭が痛いです、どこに行きますか。

의료 관련 용어 医療関連用語

접수 受付
접수처 受付所

수납 会計
원무과 医事課

예약 予約

검진 検診
정기 검진 定期健診
건강 검진 健康検診
건강검진기록부
健康検診記録簿
진료기록카드 カルテ

진찰 診察
진찰실 診察室
진찰비 診察費

검사 検査
소변 검사 尿検査
대변 검사 便検査

혈액 검사 血液検査
심전도 검사 心電図検査
암 검사 がん検査
조직 검사 組織検査
내시경 검사 内視鏡検査
검사비 検査費

의료보험 医療保険
의료보험증 医療保険証
의료보험료 医療保険料

진찰권 診察券
진찰일 診察日
진찰비 診察費
진찰실 診察室

외래 의사 外来医
외래 환자 外来患者

초진 初診
재진 再診
재검진 再検診

의료 관련 용어 医療関連用語

검진비 検診費

진료 診療

진료 기록 診療記録

진료기록부 診療記録簿(カルテ)

진료비 診療費

진료실 診療室

무료 진료 無料診療

외래 外来

병동 病棟

입원 入院

퇴원 退院

양식 様式

진단서 診断書

소견서 紹介状

동의서 同意書

증상 症状

중상 重傷

경상 軽傷

중증 重症

치료 治療

입원 치료 入院治療

방문 치료 訪問治療

약물 치료 薬物治療

물리 치료 物理治療

치료비 治療費

마취 麻酔

전신 마취 全身麻酔

부분 마취 部分麻酔

국소 마취 局所麻酔

수술 手術

대수술 大手術

큰 수술 大きい手術

간단한 수술 簡単な手術

수술비 手術費

입원 入院

퇴원 退院

입원 수속 入院手続き

퇴원 수속 退院手続き

의료 관련 용어 医療関連用語

입원비 入院費	붕대 包帯
	해열제 解熱剤
면회 시간 面会時間	소화제 消化剤
면회 수칙 面会規則	진통제 鎮痛剤
	연고 軟膏(なんこ)
처방 処方	체온계 体温計
처방전 処方箋	마스크 マスク
	안대 眼帯
진단 診断	탈지면 脱脂綿
진단서 診断書	핀셋 ピンセット
	족집게 毛抜き
건강보험 健康保険	
암보험 がん保険	**기타** その他
	비상 전화 非常電話
모자 수첩 母子手帳	구급차 救急車
아기 앨범 赤ちゃんアルバム	화재 火災
	경찰 警察
구급상자 救急箱	교통사고 交通事故
소독약 消毒薬	날씨 天気
반창고 ばんそうこう	긴급 전화 緊急電話
솜 綿	
거즈 ガーゼ	

의료 관련 용어 医療関連用語

진료과목 診療科目

내과 Internal Medicine 内科

순환기내과 Cardiology 循環器科

호흡기내과 Pulmology 呼吸器内科

소화기내과 Gastroenterology 消化器内科

내분비내과 Endocrinology 内分泌内科

외과 General Surgery 外科

흉부외과 Thoracic & Cardiovascular Surgery 胸部外科

신경외과 Neuro Surgery 脳神経外科

정형외과 Orthopedic Surgery 整形外科

성형외과 Plastic & Reconstructive Surgery 形成外科

산부인과 Obstertics & Gynecology 産婦人科

비뇨기과 Urology 泌尿器科

소아과 Pediatrics 小児科

피부과 Dermatology 皮膚科

정신과 Psychiatry 精神科

한방과 Traditional Oriental Medicine 東洋医学(韓医学)

안과 Ophthalmology 眼科

치과 Dentistry 歯科

이비인후과 Otorhinolaryngology 耳鼻咽喉科

가정의학과 Family Medicine 家庭医学科、一般診療科

재활의학과 Rehabilitation Medicine リハビリテーション科

영상의학과 Radiology 放射線科

진료 과목별 의료 용어 및 표현

診療科目別医療用語と表現

핵심어 キーワード 1

치과	歯科	치주과	歯周治療科
충치	虫歯	구강외과	口腔外科
교정	矯正	소아치과	小児歯科
스케일링	スケーリング・歯石除去	교정과	矯正歯科
		기공실	技工室
임플란트	インプラント	부은 치경	腫れた歯茎
사랑니	親知らず・知恵歯	신경과민	神経過敏
치실	デンタルフロス	출혈	出血
에나멜질	エナメル質	틀니(의치)	入れ歯
상아질	象牙質	치아검사	歯の検査
발치	抜歯	치조농누	歯槽膿漏
불소도포	フッ素塗布	농누	膿漏
보존과	保存修復科	이물감	異物感
보철과	穂鉄咬合治療科		

단어 <ruby>単語<rt></rt></ruby> 2

치과가 뭐예요? 歯科は何ですか。

- 치과는 치아와 관련된 병을 치료하는 곳이에요.
  歯科は歯牙と関連する病を治療する所です。
- 이가 아프면 치과에 가요. 歯が痛いなら歯科に行きます。

치아가 뭐예요? 歯牙は何ですか。

- 치아는 '이' 또는 '이빨' 이라고도 해요.
  歯牙は '歯' または '歯' とも言います。

치과에서는 무엇을 해요? 歯科では何をしていますか。

- 충치를 치료해요. 虫歯を治療します。
- 치아 교정을 해요. 歯の矯正をします。
- 스케일링을 해요. スケーリング・歯石除去をします。
- 치아 미백 치료를 해요. 歯の美白治療をします。
- 임플란트를 해요. インプラントをします。
- 틀니를 해요. 入れ歯・義歯をします。

충치가 뭐예요? 虫歯は何ですか。

- 충치는 벌레 먹은 이예요. 虫歯は虫食いです。
- 벌레 먹은 이는 아프고 이에 구멍이 생겨요.
  虫歯は歯が痛くて穴が出来ました。

치아 교정이 뭐예요? 歯の矯正は何ですか。

● 치아 교정이란 비뚤어진 이를 반듯하게 만드는 거예요.

歯の矯正は曲がった歯を元の形の戻し、整えることです。

스케일링이 뭐예요? スケーリング・歯石除去は何ですか。

● 이에 붙어 있는 치석을 없애는 거예요.

歯に寄食している歯石を無くすことです。

● 치석이란 이의 안쪽에 붙어 있는 이물질이에요.

歯石は歯の内側に付いている異物質です。

치아 미백이 뭐예요? 歯の美白は何ですか。

● 치아 미백이란 치아의 표면을 하얗게 만드는 거예요.

歯の美白は歯牙の表面を真っ白に加工することです。

임플란트가 뭐예요? インプラントは何ですか。

● 임플란트란 인공 치아예요.

インプラントは人工歯牙です。

● 임플란트는 티타늄으로 만들어요.

インプラントはチタニウムで作ります。

● 임플란트는 인공 치아를 턱뼈에 심는 것이에요.

インプラントは人工歯牙をあご骨に植えることです。

틀니가 뭐예요? 入れ歯・義歯は何ですか。

● 틀니란 치아가 빠졌을 때 사용하는 인공 치아예요.

入れ歯・義歯は歯牙が抜けた時、使用する人工歯です。

● 틀니는 잇몸에 끼웠다 뺐다 할 수 있어요.

入れ歯・義歯は歯茎に挟んで取り出せます。

 대화 対話

Q : '인공' 이 뭐예요? '人工'は何ですか。

A : '인공' 은 '사람이 만든 것' 이에요.

'人工'は'人が作ったもの'です。

젖니가 뭐예요? 乳歯は何ですか。

● 젖니는 아기가 출생한 후 6개월부터 3세 전에 나는 이예요.

乳歯は子どもが生後6カ月から3歳ごろに生えます。

● 젖니는 유아기에 사용한 후 갈게 돼요.

乳歯は乳児期に使った後に生え終わります。

영구치가 뭐예요? 永久歯は何ですか。

● 젖니가 빠진 뒤에 나는 이를 말해요.

乳歯が抜けた後に出る歯を言います。

유치가 뭐예요? 乳歯は何ですか。

● 젖니와 같은 말이에요.

乳歯と同じ言葉です。

치아 이름을 알려 주세요. 歯牙の名称を知ってください。

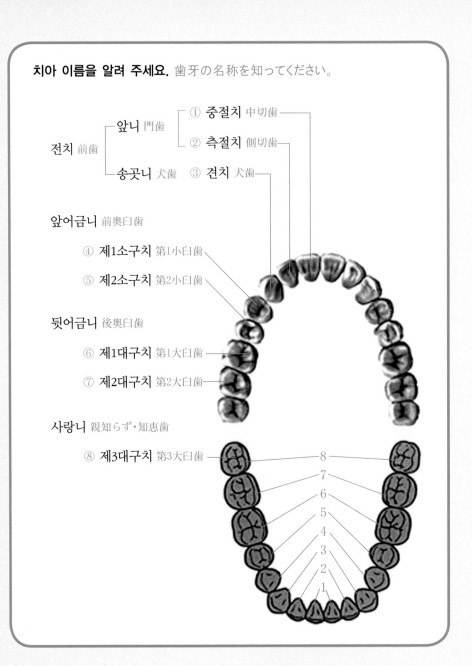

전치 前歯
  ┌ 앞니 門歯 ┌ ① 중절치 中切歯
  │   └ ② 측절치 側切歯
  └ 송곳니 犬歯   ③ 견치 犬歯

앞어금니 前奥臼歯
  ④ 제1소구치 第1小臼歯
  ⑤ 제2소구치 第2小臼歯

뒷어금니 後奥臼歯
  ⑥ 제1대구치 第1大臼歯
  ⑦ 제2대구치 第2大臼歯

사랑니 親知らず・知恵歯
  ⑧ 제3대구치 第3大臼歯

8
7
6
5
4
3
2
1

 도움이 되는 표현 役に立つ表現

충치 치료는 어떻게 해요? 虫歯治療はどのようにしますか。

● 먼저, 이가 아프거나 이에 구멍이 생기면 치과에 가요.

　まず、歯が痛かったり歯に穴ができたら歯科へ行きます。

● 의사 선생님께 아픈 곳을 말해요.

　お医者(先生)様に痛い所を言います。

● 그러면 간호사가 먼저 치아 사진을 찍어요.

　そして看護師が先に歯牙写真を写します。

● 충치 부위가 적으면 충치를 갈아내고 아말감으로 때워요.

　虫歯部位が小さければ虫歯を削ってアマルガムを注入します。

● 충치 부위가 크면 충치를 갈아내고 금이나 치아색 나는 재료로 씌워요.

　虫歯部位が大きければ虫歯を削って歯牙色(を)出す材料で被せます。

● 충치 먹은 이가 통증이 있으면 신경 치료를 하고 나서 씌워요.

　歯食いになった歯が痛ければ神経治療をして被せます。

● 충치 치료 후에 이가 시리면 다시 치과에 가요.

　歯治療後に歯が滲みるならまた歯科へ行きます。

이는 어떻게 닦아요? 歯はどう磨きますか。

● 앞니의 뒤쪽을 닦을 때 門歯の後ろ側を磨く時

◇칫솔을 세로로 잡아요. 歯ブラシを縦に掴み·持ちます。

◇칫솔의 뒷부분을 사용하여 이와 잇몸의 경계선을 닦아줘요.

歯ブラシの後部分を使用し、歯と歯茎の境を磨きます。

●어금니의 혀 쪽을 닦을 때 奥臼歯の舌側を磨く時

◇입을 벌리고 손가락으로 입술을 잡아당겨요.

口を開けて指で唇を引っ張ります。

◇칫솔을 비스듬히 넣어 닦아요.

歯ブラシを斜めに中に入れて磨きます。

●앞니를 닦을 때 門歯を磨く時

◇칫솔을 나선형으로 움직여줘요.

歯ブラシを螺旋形に動かします。

◇한 번에 이 3개를 겨냥해요. 1回に歯3つを狙いづけします。

◇한 군데를 10번 정도 솔질해요.

1か所を10回程度ブラシ掛けします。

●어금니의 뺨 쪽을 닦을 때 奥臼歯の頬側を磨く時

◇칫솔을 40°로 기울여 넣어요.

歯ブラシを40度で傾けて中に入れます。

◇ 이와 잇몸 사이에 솔을 대요.

歯と歯茎の境に歯ブラシを当てます。

◇ 아래위로 닦아요. 上下に磨きます。

● 어금니의 맞물림 奥歯の噛み合わせ

◇ 이가 맞물리는 곳은 상하기 쉬워요.

歯が噛み合う所は腐りやすい。

◇ 앞으로 긁어내는 것처럼 닦아요.

前に掻き出すように磨きます。

어떤 칫솔이 좋아요? どんな歯ブラシが良いですか。

● 칫솔은 머리, 칫솔모, 손잡이, 칫솔대 4부분으로 이루어져 있어요.

歯ブラシは毛、歯ブラシ角、柄(つまみ、取っ手)、歯ブラシ棒、4つの分で構成
されています。

● 어른 칫솔모 大人歯ブラシ角

◇ 가로 15mm, 높이 11mm, 긴 타원형 칫솔모

横15mm、高さ11mm、楕円形の歯ブラシ角

● 아기 칫솔모 幼児歯ブラシ

　◇ 솔의 길이는 아기의 위 앞니 2개 길이 정도가 좋아요.

　　ブラシの長さは幼児の上門歯2つ程度の長さが良いです。

　◇ 솔의 높이는 8㎝가 좋아요. ブラシの高さは8㎝が良いです。

　◇ 칫솔 머리가 짧은 것이 좋아요.

　　歯ブラシ毛が短いものが良いです。

칫솔 관리는 어떻게 해요? 歯ブラシ管理はどのようにしますか。

● 이를 닦은 후 칫솔을 흐르는 물에 엄지손가락으로 잘 씻어요.

　歯を磨いた後、歯ブラシを手でよく洗います。

● 칫솔은 통풍이 잘 되는 곳에 세워 둬요.

　歯ブラシは風通しが良くなる所に立てて置きます。

● 칫솔모가 바깥쪽으로 ⅓ 이상 벌어지면 새 칫솔로 바꿔요.

　歯ブラシ角が外側に1/3以上隙間ができたら新しい歯ブラシに交換します。

● 칫솔은 3개월마다 바꾸는 것이 좋아요.

　ブラシは3カ月ごとに交換するのが良いです。

현장 한국어 現場の韓国語 4

의사 선생님께 어떻게 말해요?
お医者(先生)様にどのように言いますか。

● 충치가 있어요. 虫歯があります。

● 충치 치료해 주세요. 虫歯治療してください。

● 아말감으로 때워 주세요. アマルガムを注入してください。

● 치아 색깔로 씌워 주세요. 歯牙の色に被せてください。

● 이가 아파요. 歯が痛いです。

● 이가 흔들려요. 歯がぐらぐらします。

● 이가 흔들려요. 歯がぐらつきます。

● 이가 부러졌어요. 歯が折れました。

● 이가 빠졌어요. 歯が抜けました。

● 이가 시려요. 歯が滲みます。

● 잇몸이 헐었어요. 歯茎が崩れました・下がりました。

● 잇몸이 부었어요. 歯茎が腫れました。

● 잇몸에서 피가 나요. 歯茎から血が出ます。

● 사랑니 빼 주세요. 親知らず・知恵歯を抜いてください。

- 치아 교정 해주세요. 歯の矯正をしてください。

- 스케일링 해주세요. スケーリング・歯石除去してください。

- 미백 치료 해주세요. 美白治療してください。

- 틀니 해주세요. 入れ歯・義歯してください。

- 음식물이 잘 껴요. 食べ物がよく挟まります。

- 찬물을 마시면 이가 시려요. 冷たい水を飲むと歯にしみます。

- 사랑니를 빼야 해요. 親知らずは抜かなければなりません。

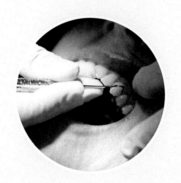

핵심어 キーワード 1

내과		内科
소화기		消化器
순환기		循環器
호흡기		呼吸器
신장		腎臓
식중독		食中毒
구토		嘔吐
폐렴		肺炎
복통		腹痛
감기		風邪
흉통		胸痛

내과가 뭐예요? 内科ってなんですか。

● 내과는 내장 기관에 생긴 병을 수술 없이 고치는 병원 부서 이름이에요. 内科は内臓器官に起きた病気を手術しないで治す病院部署の名前です。

내과에는 무엇이 있어요? 内科には何がありますか。

● 내과에는 内科には

　◇ 소화기 消化器

　◇ 순환기 循環器

　◇ 호흡기 呼吸器

　◇ 신장 腎臓

　◇ 내분비계 内分泌系

　◇ 알러지 アレルギー

　◇ 류마티스 リュマチ

　◇ 감염 感染

　◇ 혈액 종양 血液腫瘍

등이 있어요. のようなものがあります。

소화기가 뭐예요? 消化器ってなんですか。

● 소화기란 음식물을 소화하는 기관이에요.

消化器とは飲食物を消化する器官です。

● 소화기 질환이란 소화기에 생긴 병을 말해요.

消化器疾患とは消化器に起きた病気をいいます。

● 소화기 질환이 있으면 소화기 내과에 가요.

消化器疾患があれば消化器内科へ行ってください。

● 소화기에는 消化器には

◇ 구강 口腔

◇ 식도 食道

◇ 위 胃

◇ 장 腸

◇ 항문 肛門

◇ 침샘 唾液腺

◇ 간 肝臓

등이 있어요. などがあります。

순환기가 뭐예요? 循環器ってなんですか。

● 순환기란 혈액을 순환시키는 기관이에요.

循環器とは血液を循環させる器官です。

● 순환기에는 循環器には

　◇ 심장 心臓

　◇ 혈관 血管

　◇ 림프관 リンパ管

등이 있어요. 等があります。

● 순환기 질환이란 순환기에 생긴 병을 말해요.

循環器疾患とは循環器に生じた病気をいいます。

● 순환기 질환이 있으면 순환기 내과에 가요.

循環器疾患があれば循環器内科へ行ってください。

● 순환기 질환에는 循環器疾患には

　◇ 뇌졸중 脳卒中

◇동맥경화 動脈硬化

◇심근경색 心筋梗塞

◇부정맥 不整脈

◇요통 腰痛

◇고혈압 高血圧

◇저혈압 低血圧

◇빈혈 貧血

◇심장판막증 心臓弁膜症

◇견비통 肩甲骨

등이 있어요. などがあります。

뇌졸중이 뭐예요? 脳卒中ってなんですか。

● 뇌졸중이란 뇌혈관이 막히거나 터져서 갑자기 쓰러진 후 마비가 오는 질병이에요. 脳卒中とは脳血管が詰まったり、裂けたり急に倒れた後麻痺が来る疾病です。

동맥경화가 뭐예요? 動脈硬化って何ですか。

● 동맥경화란 동맥이 좁아지는 질병이에요.

動脈硬化とは動脈が狭くなる疾病です。

심근경색이 뭐예요? 心筋梗塞ってなんですか。

● 심근경색이란 심장 근육의 일부가 죽는 질병이에요.

心筋梗塞とは心臓筋肉の一部が壊死する疾病です。

부정맥이 뭐예요? 不整脈って何ですか。

● 부정맥이란 심장이 불규칙하게 뛰는 질병이에요.

不整脈とは心臓が不規則に脈打つ疾病です。

요통이 뭐예요? 腰痛って何ですか。

● 요통이란 허리에 생긴 통증이에요.

腰痛とは腰に生じた痛みです。

고혈압이 뭐예요? 高血圧ってなんですか。

● 고혈압이란 혈액이 혈관 벽에 높은 압력을 가하는 질병이에요. 高血圧とは血液が血管の壁に高い圧力が加わる疾病です。

저혈압이 뭐예요? 低血圧ってなんですか。

● 저혈압이란 혈액이 혈관벽에 가하는 압력이 정상보다 낮은 상태를 말해요. 低血圧とは血液の血管の壁に加わる圧力が正常より低い状態をいいます。

빈혈이 뭐예요? 貧血ってなんですか。

● 빈혈이란 혈액의 산소 운반 기능이 떨어지는 상태를 말해요.
貧血とは血液の酸素運搬機能が弱くなる状態をいいます。

심장판막증이 뭐예요? 心臓弁膜症ってなんですか。

● 심장판막증이란 심장판막에 이상이 생겨 피가 제멋대

로 흐르는 상태를 말해요. 心臓弁膜症とは心臓弁膜に異常が生じ、血が自分勝手に流れる状態をいいます。

견비통이 뭐예요? 肩甲痛ってなんですか。

● 견비통이란 어깨에서 팔까지 저리고 아픈 질병이에요.
肩臂痛とは肩から足までしびれて痛い疾病です。

호흡기가 뭐예요? 呼吸器ってなんですか。

● 호흡기란 호흡 작용을 하는 기관이에요.
呼吸器官とは呼吸作用をする器官です。

● 호흡기에는 呼吸器には

◇ 비강 鼻腔

◇ 인두 咽頭

◇ 후두 喉頭

◇ 기관 気管

◇ 기관지 気管支

◇허파 肺

가 있어요. があります。

내분비계가 뭐예요? 内分泌系ってなんですか。

● 내분비계란 호르몬을 분비하는 기관을 말해요.

　内分泌系とはホルモンを分泌する器官をいいます。

● 호르몬에는 ホルモンには

　◇성장호르몬 成長ホルモン

　◇여성 호르몬 女性ホルモン

　◇남성 호르몬 男性ホルモン

등이 있어요. 等があります。

신장이 뭐예요? 腎臓ってなんですか。

● 신장은 콩팥이라고도 해요.

　腎臓とはコンパツともいいます。

● 신장은 오줌을 내보내는 곳이에요.

腎臓は尿を送りだす所です。

알러지(알레르기)가 뭐예요? アロージーってなんですか。

- 알러지는 알레르기라고도 말해요.

  アロジーはアレルギーともいいます。

- 알레르기는 어떤 음식이나 물질에 대해서만

  アレルギーはどんな食事や物質に対しても

  ◇ 두드러기 蕁麻疹

  ◇ 콧물 鼻水

  ◇ 기침 咳

  ◇ 가려움 かゆみ

이 나타나는 증상이에요. が出てくる症状です。

류마티스가 뭐예요? リウマチってなんですか。

- 류마티스란 근육이나 관절에 염증을 일으키는 질병이에

  요. リウマチとは筋肉や関節に炎症を起こす疾病です。

감염이 뭐예요? 感染ってなんですか。

● 감염이란 感染とは

◇ 세균 細菌

◇ 바이러스 ウィルス

◇ 곰팡이 かび

등에 의해 신체가 오염된 경우를 말해요.

等により身体が汚染される場合をいいます。

● 감염에는 感染には

◇ 세균 감염 細菌感染

◇ 에이즈 감염 エイズ感染

◇ 결핵균 감염 結核菌感染

◇ 요로 감염 尿路感染

등이 있어요. 等があります。

혈액 종양이 뭐예요? 血液腫瘍ってなんですか。

● 혈액 종양이란 혈액에 병이 생기는 거예요.

血液腫瘍とは血液に病気が起きることです。

● **혈액 종양에는** 血液腫瘍には

　◇ **백혈병** 白血病

　◇ **재생 불량성 빈혈** 再生不良性貧血

등이 있어요. 等があります。

도움이 되는 표현 役に立つ表現

내과 치료는 어떻게 해요?
内科治療はどういうふうにするんですか。

● 주로 약물 치료를 해요. 主に薬物治療をします。

어떤 증상이 있을 때 내과에 가요?
どんな症状がある時、内科へいきますか。

소화기 내과 消化器内科

● 입 냄새가 심하면 소화기 내과에 가요.

   口の臭いがひどければ消化器内科へ行きます。

● 속이 쓰리면 소화기 내과에 가요.

   腹が痛ければ消化器内科へ行きます。

● 식욕이 없으면 소화기 내과에 가요.

   食欲がなければ消化器内科へ行きます。

순환기 내과 循環器内科

● 허리가 아프면 순환기 내과에 가요.

   腰が痛ければ循環器内科へ行きます。

● 자주 어지러우면 순환기 내과에 가요.

   しょっちゅう目眩(めまい)がすれば循環器内科へ行きます。

● 혈압이 높거나 낮으면 순환기 내과에 가요.

血圧が高かったり、低かったりしたら循環器内科へ行きまする。

● 심장이 아프면 순환기 내과에 가요.

心臓が痛かったら循環器内科へ行きます。

● 어깨가 아프면 순환기 내과에 가요.

肩が痛かったら循環器内科へ行きます。

● 허리가 끊어질 듯이 아파요. 腰に激痛か走ります。

● 허리를 펼(구부릴) 수가 없어요.

腰をあげる(かがめる)ことができません。

호흡기 내과 呼吸器内科

● 기침이 심하면 호흡기 내과에 가요.

咳がひどかったら呼吸器内科へ行きます。

● 코가 자주 막히면 호흡기 내과에 가요.

鼻がしょっちゅう詰まれば呼吸器内科へ行きます。

● 숨 쉬기가 어려우면 호흡기 내과에 가요.

呼吸をするのが難しければ呼吸器内科へ行きます。

● 가슴이 답답해요. いきがつまってます。(いきくるしいです。)

● 숨이 차요. 息がきれます。

● 가슴이 쿵쿵 뛰어요. 動悸がします。

신장 내과 腎臓内科

● 몸이 자주 부으면 신장 내과에 가요.

体がしょっちゅうむくむと腎臓内科へ行きます。

● 소변을 자주 보면 신장 내과에 가요.

尿がしょっちゅう出れば腎臓内科へ行きます。

● 소변 볼 때 통증이 있으면 신장 내과에 가요.

尿をする時、痛みがあれば腎臓内科へ行きます。

내분비계 내과 内分泌系内科

● 몸의 특정 부위가 살이 찌면 내분비계 내과에 가요.

体の特定の部位が太ったら内分泌系内科へ行きます。

● 키가 안 크면 내분비계 내과에 가요.

身長が伸びなければ内分泌系内科へ行きます。

알러지(알레르기) 내과 アレルギー内科

● 두드러기가 자주 나면 알러지(알레르기) 전문 병원에 가요.

蕁麻疹がしょっちゅう出れば、アレルギー専門病院へ行きます。

● 꽃가루가 날릴 때 심한 기침을 하면 알러지(알레르기) 전문 병원에

가요. 花粉の飛ぶ時、ひどい咳をすれば、アレルギー専門病院へ行きます。

류마티스 내과 リウマチ内科

- 손가락, 손목, 팔꿈치가 붓거나 아프면 류마티스 전문 병원에 가요.

  手の指、手首、肘が腫れたり痛ければリウマチ専門病院へ行きます。

- 무릎, 발목, 발가락이 붓거나 아프면 류마티스 전문 병원에 가요.

  膝、足首、足の指が腫れたり痛ければリウマチ専門病院へ行きます。

- 손발이 차가워요. 手足が冷えます。

- 관절이 아파요. 関節が痛いです。

- 발목이 붓고 아파요. 足首が腫れて痛いです。

- 발이 저려요. 足がしびれます。

- 발에 쥐가 나요. 足がひきつります。

혈액종양 내과 血液腫瘍内科

- 코피가 심하게 나면 혈액종양 내과에 가요.

  鼻血がひどく出れば血液腫瘍内科へ行きます。

- 목 주위, 겨드랑이, 사타구니 등에 덩어리가 생겨 자라나면 혈액종양 내과에 가요. 首の周囲、脇、股ぐら 等に腫瘍が出来て成長したら血液腫瘍内科へ行きます。

현장 한국어 現場の韓国語 **4**

● 입 냄새가 심해요. 口の臭いがひどいです。

● 속이 쓰려요. お腹が痛いです。

● 자주 구토가 나요. よく吐き気がします。

● 식욕이 없어요. 食欲がありません。

● 혈압이 높아요. 血圧が高いです。

● 혈압이 낮아요. 血圧が低いです。

● 기침이 심해요. 咳がひどいです。

● 코가 자주 막혀요. 鼻がよく詰まります。

● 숨쉬기가 어려워요. 呼吸が難しいです。

● 두드러기가 자주 나요. 蕁麻疹がよく出ます。

● 피부가 심하게 가려워요. 皮膚がひどくかゆいです。

● 키가 안 커요. 身長が伸びません。

● 자주 어지러워요. よくめまいがします。

● 소변을 자주 봐요. 尿がしょっちゅう出ます。

● 얼굴이 자주 부어요. 顔がしょっちゅう腫れます。

약 薬

1. 약의 형태에 따른 용어 薬の形態に伴った用語

가루약 粉薬	연고 軟膏
환약 丸薬	파스 湿布
알약 粒薬	반창고 ばんそうこう
정제 錠剤	좌약 座薬
물약 水薬	파스제 湿布剤
시럽 シロップ	내복약 内服薬
캡슐 カプセル	외용약 外用薬

● **약에 관련된 주요 단어** 薬に関連した主な単語

원내처방 院内処方	조제실 調剤室
원외처방 院外処方	약국 薬局
대체조제 代替調剤	약사 薬剤師

● **내복약** 内服薬

진통제 鎮痛剤	지혈제 止血剤
진정제 鎮静剤	이뇨제 利尿剤
항생제 抗生物質	항이뇨제 抗利尿剤
기침약 咳薬	소화제 消化剤
감기약 風邪薬	수면제 睡眠剤
해열제 解熱剤	영양제 栄養剤
심장약 心臓薬	비타민 ビタミン
강압제 強圧剤	

약 薬

- **외용약** 外用薬

  소독제 消毒薬 　　　　　양치약 養歯薬

  안약 目薬 　　　　　　　세안약 洗眼薬

2. 약에 관련된 주요 표현 薬に関連した主な表現

- **약국으로 가세요.** 薬局へ行ってください。

- **투약** 投薬

  투약하겠습니다. 投薬するつもりです。

  1시간 후에 투약하겠습니다. 1時間後に投薬するつもりです。

- **주사약** 注射薬

  주사약을 3cc 놓겠습니다. 注射薬を3cc打つつもりです。

  새로 나온 주사약입니다. 新たに出た注射薬です。

- **바르다** 塗る

  약을 바르세요. 薬を塗ってください

  약을 골고루 펴서 잘 바르세요.

  薬を平らに広げてよく塗ってください。

  약을 너무 많이 바르지 마세요. 薬を沢山塗らないでください。

  약을 바르고 문지르세요. 薬を塗ってすりこんでください。

약 薬

● **붙이다** 貼る

약을 붙이세요. 薬を貼ってください。

약을 붙이고 누워 계세요. 薬を貼って横になってください。

● **식전 복용** 食前服用

식전에 복용하세요. 食前に服用してください。

약은 식사하기 전에 드세요.

薬を食事する前に服用してください。

식후에 복용하세요. 食後に服用してください。

약은 식사한 후에 드세요.

薬は食事した後に服用してください。

약은 식사하시고 30분 후에 드세요.

薬は食事して30分後に服用してください。

약은 식간에 드세요. 薬は食間に服用してください。

약은 자기 전에 드세요. 薬は寝る前に服用してください。

약은 3시간마다 드세요. 薬は３時間ごとに服用してください。

약은 필요할 때 한 알씩 드세요.

薬は必要なとき１粒ずつ服用してください。

약은 하루에 한 번 드세요.

薬は３時間ごとに服用してください。

약 薬

약은 매끼 두 알씩 드세요.

薬は毎食ごとに2粒ずつ服用してください。

약은 아침에 한 번, 저녁식사 후에 한 번 드세요.

薬は朝に1回夕方食後に1回服用してください。

약은 6개월간 꾸준히 드셔야 합니다.

薬は6カ月間粘り強く服用なさってください。

약은 5시간 간격을 두고 드셔야 합니다.

薬は5時間毎に服用してください。

약은 의사의 지시에 따라 드셔야 합니다.

薬は医者の指示に従って服用してください。

핵심어 キーワード 1

이비인후과	耳鼻咽喉科
코골이	いびき
귀울음	耳鳴り
축농증	蓄膿症
비염	鼻炎
중이염	中耳炎
편도선	扁桃腺
알레르기 비염	アレルギー性鼻炎
실어증	失語症
귓바퀴(심이)	耳介(外耳)

 단어 単語 2

이비인후과가 뭐예요? 耳鼻咽喉科とは何ですか。

- 이비인후과는 耳鼻咽喉科は
  ◇ 귀 耳
  ◇ 코 鼻
  ◇ 목/목구멍 喉
  ◇ 기관 気管
  ◇ 식도 食道

의 병을 치료하는 곳이에요. の病気を治療するところです。

기관이 뭐예요? 気管とは何ですか。

- 기관이란 숨을 쉴 때 공기를 통과시키는 관이에요.
  気管とは息を吸うとき空気を通過させる器官です。

식도가 뭐예요? 食道とは何ですか。

- 식도란 삼킨 음식을 위로 보내는 관이에요.
  食道とは飲みこんだ食べ物を胃に送る器官です。

인후염이 뭐예요? 咽喉炎とは何ですか。

- 인후염이란 인후에 염증이 생긴 것이에요.

咽喉炎とはのど(咽喉)に炎症が起こることです。

● 인후란 목구멍이라고도 해요. 咽喉とはのどといいます。

● 염증이란 몸의 일부가 붓거나 빨갛게 되거나 열이 나거나 아픈 증상이에요. 炎症とは体の一部が腫れたり、赤くなったり、熱を持ったりする症状です。

코골이가 뭐예요? いびきとは何ですか。

● 코골이란 잠을 잘 때 입으로 숨을 쉬면서 소리를 내는 것이에요. いびきとは眠るときに口で呼吸をしながら音を出すことです。

축농증이 뭐예요? 蓄膿症とは何ですか。

● 축농증이란 코에 고름이 있는 거예요.
蓄膿症とは鼻に膿があることです。

● 고름이란 몸에 염증이 있을 때 생기는 노르스름한 빛의 액체를 말해요. 膿とは体に炎症が起きた時にできる黄色がかった液体のことです。

● 축농증이 있으면 코가 자주 막히고 콧물이 나와요.
蓄膿症になると鼻がよく詰まって鼻水も出ます。

비염이 뭐예요? 鼻炎とは何ですか。

● 비염이란 코 안이 붓는 거예요.

鼻炎とは鼻の中が腫れることです。

● 비염이 생기면 맑은 콧물이 흐르고 재채기가 나요.

鼻炎になったら透明な鼻水が流れてくしゃみが出ます。

중이염이 뭐예요? 中耳炎とは何ですか。

● 중이염이란 귀에 고름이 있는 거예요.

中耳炎とは耳に膿がたまることです。

● 중이염이 생기면 귀가 아프고 열이 나요.

中耳炎になったら耳が痛く熱が出ます。

● 귀에 물이 들어가면 중이염이 생기기 쉬워요.

耳に水が入ると、中耳炎になりやすいです。

고막이 뭐예요? 鼓膜とはなんですか。

● 고막이란 귓구멍 안쪽에 있는 막이에요.

鼓膜とは耳の穴の中にある膜です。

● 고막이 다치면 소리를 들을 수 없어요.

鼓膜が傷つくと音が聞こえなくなります。

편도가 뭐예요? 扁頭とは何ですか。

● 편도란 목구멍 뒤쪽에 있는 작은 덩어리예요.

扁頭とはのどの奥の方にある小さい塊のことです。

● 편도선염은 편도가 붓고 아픈 증상을 보여요.

扁桃腺炎は扁桃腺が腫れるという症状が見られます。

난청이 뭐예요? 難聴とは何ですか。

● 난청이란 소리를 들을 수 없는 상태를 말해요.

難聴とは音が聞こえない状態のことです。

이명이 뭐예요? 耳鳴りとは何ですか。

● '이명' 이란 귀에서 소리가 나는 것이에요.

耳鳴りとは耳から音が出ることです。

보청기가 뭐예요? 補聴器とは何ですか。

● 보청기란 소리를 잘 들리게 하는 기구예요.

補聴器とは音が良く聞こえるようにする器具です。

● 보청기는 귀에 꽂고 다녀요.

補聴器は耳に差し込んで使います。

- '할머니, 보청기를 귀에 끼세요.' 라고 말해요.
  おばあさん、補聴器を耳につけてくださいと言います。
- '할머니, 보청기를 귀에서 빼세요.' 라고 말해요.
  おばあさん、補聴器を耳からとってくださいと言います。

'눈치가 빠르다' 라는 말의 뜻이 뭐예요?
目ざといという言葉の意味は何ですか。

- '눈치가 빠르다' 라는 말은 남의 속마음을 빨리 알아챈다는 뜻이에요. 目ざといという言葉は人の心の中をすぐに感じ取るという意味です。
- '눈치가 빠르다' 라는 말은 순발력이 좋다는 뜻이기도 해요. 目ざといとは瞬発力がいいという意味もあります。
- '순발력이 좋다' 라는 말은 어려운 상황을 빠른 시간 안에 잘 극복한다는 뜻이에요. 瞬発力が良いというのは難しい状況を短い時間の中でよく克服するという意味です。

도움이 되는 표현 役に立つ表現

어떤 증상이 있을 때 이비인후과에 가요?
どんな症状がある時耳鼻咽喉科へ行きますか。

● 귀가 아프면 이비인후과에 가요.

   耳が痛ければ耳鼻科に行きます。

● 코가 아프면 이비인후과에 가요.

   鼻が痛い時は耳鼻科に行きます。

● 목이 아프면 이비인후과에 가요.

   のどが痛ければ耳鼻科に行きます。

● 귀가 잘 안 들리면 이비인후과에 가요.

   耳がよく聞こえなければ耳鼻科に行きます。

● 기침을 많이 하면 이비인후과에 가요.

   せきを多くするならば耳鼻科に行きます。

● 귀에서 소리가 나면 이비인후과에 가요.

   耳鳴りがしたら耳鼻科に行きます。

● 코를 심하게 골면 이비인후과에 가요.

   ひどくいびきをかくなら耳鼻科へ行きます。

● 편도가 부으면 이비인후과에 가요.

   扁桃腺が腫れたら耳鼻科に行きます。

현장 한국어 現場の韓国語 4

아픈 증상을 말할 때 이렇게 하세요.
痛い症状をいうときこのように言ってください。

● 코가 막혔어요. 鼻がつまりました。

● 콧속이 아파요. 鼻の中が痛いです。

● 코가 말라요. 鼻が乾きます。

● 코피가 나요. 鼻血が出ます。

● 콧물이 나요. 鼻水がでます。

● 숨을 쉴 수가 없어요. 息がしづらいです。

● 냄새를 맡을 수 없어요. 匂いがわかりません。

● 편도선이 부었어요. 扁桃腺が腫れました。

● 맑은 콧물이 흘러요. 透明な鼻水が流れます。

● 노란 콧물이 흘러요. 黄色い鼻水が流れます。

● 귀가 간지러워요. 耳がむずむずします。(かゆいです。)

● 귓속이 아파요. 耳の中がいたいです。

● 귀가 멍멍해요. 耳がきんきんとします。(きんとします。)

● 귀지가 찼어요. 耳あかがつまっています。

● 귀에 물이 들어갔어요. 耳に水が入って行きました。

● 귀가 아파요. 耳が痛いです。

● 귀에서 소리가 나요. 耳鳴りがします。

● 귀에서 고름이 나요. 耳から膿が出ます。

● 귀가 잘 안 들려요. 耳がよく聞こえません。

● 귀가 멀었어요. 耳がとおいです。

● 목구멍이 아파요. のどが痛いです。

● 목이 자주 잠겨요. のどがよくかれます。

● 목이 쉬었어요. 声がかすれます。

● 목이 따끔거려요. のどがひりひりします。

● 목이 칼칼해요. のどがからからです。

● 목이 간질거려요. のどがむずむずします。

● 목소리가 안 나와요. 声が出ません。

● 목이 부었어요. のどがはれています。

● 침을 삼킬 수가 없어요. つばをのみこむことができません。

핵심어 キーワード 1

비뇨기과	泌尿器科
신장	腎臓
방광	膀胱
빈뇨	頻尿
요로	尿路
결석	結石

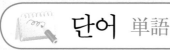

단어 単語 2

비뇨기과가 뭐예요? 泌尿器科とは何ですか。

● 비뇨기과는 비뇨기에 관한 병을 치료하는 곳이에요.

泌尿器科は泌尿器に関わる病を治療する所です。

● 비뇨기란 오줌을 만들어 배설하는 기관이에요.

泌尿器とは尿を作って排泄する器官です。

● 비뇨기에는 신장, 방광, 요도가 있어요.

泌尿器には腎臓、膀胱、尿道があります。

배설기관이 뭐예요? 排泄器官とは何ですか。

● 배설이란 몸 안의 찌꺼기를 몸 밖으로 내보내는 활동을 말해요.

排泄とは体内のかすを体外に出すはたらきを意味します。

● 배설되는 몸 안의 찌꺼기는 오줌과 땀이에요.

排泄できる体内のかすは尿と汗です。

● 배설기관이란 몸 안의 찌꺼기를 몸 밖으로 내보내는 곳이에요.

排泄器官とは体内のかすを体外に出す所です。

● 배설기관에는 콩팥과 땀샘이 있어요.

排泄器官には腎臓と汗腺があります。

부종이 뭐예요? むくみとは何ですか。

- 부종이란 몸이 붓는 증상이에요.

  むくみとは体が腫れる症状です。

신장이 뭐예요? 腎臓とは何ですか。

- 신장이란 오줌을 만드는 곳이에요.

  腎臓とは尿を作る所です。

- 신장에서는 혈액 속의 노폐물과 수분을 걸러요.

  腎臓では血液中の老廃物と水分をろ過します。

- 신장에서 걸러진 오줌은 방광 속에 괴어 있다가 몸 밖
  으로 나가요.

  腎臓で作られた尿は膀胱内に貯まって体外にでます。

노폐물이 뭐예요? 老廃物とは何ですか。

- 노폐물이란 '필요 없는 것' 이란 뜻이에요.

  老廃物とは必要のないものという意味です。

- 노폐물이란 '쓸모없는 것' 이란 뜻이에요.

  老廃物とは使い道のないものという意味です。

혈액이 뭐예요? 血液とは何ですか。

- 혈액이란 '피'와 같은 말이에요.

  血液とは血と同じ言葉です。

수분이 뭐예요? 水分とは何ですか。

- 수분이란 '물기'라는 뜻이에요.

  水分とは水気という意味です。

- 물기란 '축축한 물의 기운'이라는 뜻이에요.

  水気とは湿った水の気という意味です。

방광이 뭐예요? 膀胱とは何ですか。

- 방광이란 오줌을 저장했다가 배출시키는 곳이에요.

  膀胱とは尿を貯めて排泄させるところです。

빈뇨가 뭐예요? 頻尿とは何ですか。

- 빈뇨란 오줌을 자주 보는 증세를 말해요.

  頻尿とは尿をたびたびしたくなる症状をいいます。

- 하루에 소변을 10번 이상 보면 '빈뇨'라고 해요.

一日に尿を10回以上すれば頻尿ということです。

요실금이 뭐예요? 尿失禁とは何ですか。

● 요실금이란 소변이 저절로 나오는 것이에요.

尿失禁とは尿がおのずと出てくることです。

● 요실금이 있으면 소변을 참을 수 없어요.

尿失禁があるなら尿をこらえることができません。

요도가 뭐예요? 尿道とは何ですか。

● 요도란 '요로' 라고도 해요.

尿道とは尿路ともいいます。

● 요로란 오줌을 밖으로 배출하기 위한 관이에요.

尿路とは尿を外に排泄させる管です。

결석이 뭐예요? 結石とは何ですか。

● 결석이란 몸 안에 생기는 돌이에요.

結石とは体内に生じる石です。

● 신장에 돌이 생기면 '신장결석' 이라고 해요.

腎臓に石が生じたら腎臓結石ということです。

콩팥이 뭐예요? コンパツとは何ですか。

● 콩팥이란 '신장' 이라고도 해요.
コンパツとは腎臓とも言います。

만성 신장염이 뭐예요? 慢性腎臓炎とは何ですか。

● 만성이란 버릇이 되다시피 하여 쉽게 고쳐지지 않는
상태를 말해요. 慢性とは癖になるようにたやすく治らな
い状態を言います。

● 만성 신장염은 병이 나았다 더했다 하면서 1년 이상 지
속되는 염증을 말해요. 慢性腎臓炎は病気がよくなったり
悪くなったりを繰り返しながら1年以上持続する炎症をいい
ます。

급성신장염이 뭐예요? 急性腎臓炎とは何ですか。

● 급성이란 병의 증세가 갑자기 나타나는 상태를 말해요.
急性とは病の病状が突然現れる状態を言います。

● 급성신장염이란 신장에 염증이 생긴 후 6개월까지를 말해요. 急性腎臓炎とは腎臓に炎症が生じた後6か月までを言います。

혈뇨가 뭐예요? 血尿とは何ですか。

● 혈뇨란 소변에 피가 섞여 나오는 것을 말해요.
血尿とは尿に血が混ざって出てくることを言います。

요로 감염이 뭐예요? 尿路感染とは何ですか。

● 요로 감염이란 오줌이 지나가는 관을 통해 병에 걸린 상태를 말해요. 尿路感染とは尿が通り過ぎる管が病にかかる状態を言います。

방광염이 뭐예요? 膀胱炎とは何ですか。

● 방광염이란 방광에 염증이 생긴 병이에요.
膀胱炎とは膀胱に炎症が生じる病気です。

 도움이 되는 표현 役に立つ表現

어떤 증상이 있을 때 비뇨기과에 가요?
どんな症状があるとき泌尿器科に行きますか。

● 몸이 자주 부으면 비뇨기과에 가요.

体がたびたびむくむと泌尿器科に行きます。

● 신장 부분이 심하게 아프면 비뇨기과에 가요.

腎臓部分がひどく痛むなら泌尿器科に行きます。

● 옆구리와 하복부가 심하게 아프면 비뇨기과에 가요.

脇腹と下腹部がひどく痛むなら泌尿器科に行きます。

● 오줌이 자주 마려우면 비뇨기과에 가요.

尿がたびたびしたくなるなら泌尿器科に行きます。

● 오줌에 피가 섞여 나오면 비뇨기과에 가요.

尿に血が混ざって出てくるなら泌尿器科に行きます。

● 소변 볼 때 통증이 있으면 비뇨기과에 가요.

尿をするとき痛みがあるなら泌尿器科に行きます。

● 소변을 참을 수 없으면 비뇨기과에 가요.

尿を我慢できないなら泌尿器科に行きます。

● 소변이 저절로 나오면 비뇨기과에 가요.

尿がおのずと出てくるなら泌尿器科に行きます。

'오줌이 탁하다' 라는 말의 뜻이 뭐예요?
尿が濁っているという言葉の意味は何ですか。

● '오줌이 탁하다' 라는 말은 '오줌이 맑다' 의 반대말이에요.

尿が濁っているというのは尿が澄んでいることの反対の言葉です。

● 오줌에 쌀뜨물같이 하얀 것이 섞여 있으면 '오줌이 탁하다' 고 해요.

尿にとぎ汁のように真っ白いものが混ざっているなら尿が濁っているということです。

● '오줌이 탁하다' 라는 말은 '오줌이 불투명하다' 라는 말과 같아요. 또는 오줌이 투명하지 못하다고 말하기도 해요.

尿が濁っているという言葉は尿が不透明だということと一緒です。または尿が透明にならないという言葉もそうです。

● 건강한 오줌은 '투명' 한 액체의 상태예요.

健康な尿は透明な液状の状態です。

● '오줌이 탁하다' 또는 '소변이 탁하다' 라고 말해요.

尿が濁っている又は尿が濁っているといいます。

● 오줌이 탁하면 배설기관에 병이 있는 거예요.

尿が濁っているなら排泄器官に病気があるでしょう。

'오줌소태'가 뭐예요?

頻尿(オズムソテ)とは何ですか。

● '오줌소태' 라는 말은 오줌이 자주 마려운 병이라는 뜻이에요.

頻尿(オズムソテ)という言葉は尿意をたびたび催す病という意味です。

'요실금 패드'가 뭐예요?

尿失禁パッドとは何ですか。

● '요실금 패드' 란 오줌이 저절로 나오는 사람들이 사용하는 기저귀예요.

尿失禁パッドとは尿がおのずと出てくる人たちが使用するおむつです。

● 기저귀란 대변과 소변을 받아내는 천이에요.

おむつとは大便と尿をうける布です。

● 패드는 천 대신 흡수성이 강한 물질로 만든 화학 기저귀예요.

パッドは布に替わり吸収性が良い物質で作る化学おむつです。

현장 한국어 現場の韓国語

아픈 증상을 말할 때 이렇게 하세요.
痛い症状を言うときこのように言ってください。

- 몸이 자주 부어요. 体がたびたびむくみます。
- 신장 부분(옆구리와 하복부)이 심하게 아파요.

  腎臓部分(脇腹と下腹部)がひどく痛いです。
- 아랫배가 아파요. 下腹が痛いです。
- 오줌 눌 때 배가 몹시 아파요.

  尿をするときお腹がとても痛いです。

- 오줌이 자주 마려워요. 尿がたびたびしたくなります。
- 오줌에 피가 섞여 나와요. 尿に血が混ざって出てきます。
- 오줌이 자주 마렵고 탁해요.

  すぐに尿意をもよおし(尿が近くなり)、尿は濁っています。

- 소변 볼 때 통증이 심해요. 尿をするとき痛みがひどいです。
- 소변을 참을 수가 없어요. 尿を我慢できません。
- 소변이 저절로 나와요. 尿がおのずと出てきます。
- 소변에 피가 섞여 나와요. 尿に血が混ざって出てきます。
- 소변 보기가 힘들어요. 尿をすることが辛いです。

의사와 환자의 대화 医者と患者の会話

1. 의사 선생님 말씀 お医者さんの言葉

어디가 아프세요? どこが痛いですか。

가슴이 아파요. 胸が痛いです。

아픈 데를 손으로 짚어 보세요.
痛いところを指で指してください。

여기가 아파요. ここが痛いです。

언제부터 아팠어요? いつから痛かったですか。

2월부터 아팠어요. 2月から痛かったです。

얼마만큼 아파요? どのくらい痛いですか。

망치로 때리는 것처럼 아파요.
ハンマーで殴られたように痛いです。

얼마나 자주 아파요? どの位の間隔で痛いですか

식사 때마다 아파요. 食事のたびに痛みます。

언제 가장 많이 아파요? 一番痛いのいつですか。

밤에 더 아파요. 夜に特に痛みます。

의사와 환자의 대화 医者と患者の会話

식욕은 좋으세요? 食欲は良いですか。

식욕이 없어요. 食欲はありません。

또 다른 데, 아픈 곳 있어요?

また他に痛いところはありますか。

등도 아파요. 背中も痛いです。

오늘은 어떠세요? 今日はどうですか。

오늘은 덜 아파요. 今日はまだ痛くないです。

오늘은 기분 어때요? 今日は気分はどうですか。

우울해요. 憂鬱です。

오늘 대변 보셨나요? 今日は大便をしましたか。

아직 못 봤어요. まだしていません。

소변은 잘 나와요? おしっこはちゃんと出ますか。

소변이 잘 안 나와요. おしっこがちゃんと出ません。

전에도 아픈 적이 있어요?

前にも痛かったことがありますか。

전에는 건강했어요. 前は健康でした。

의사와 환자의 대화 医者と患者の会話

수혈 받은 적 있어요? 輸血を受けたことはありますか。

수혈 받은 적 없어요. 輸血を受けたことはありません。

입원하셔야 해요. 入院しなければなりません。

알겠어요. わかりました。

상태를 봐야 하니까 이삼 일 입원하세요.

状態を見なければならないので2, 3日入院してください。

알겠어요. わかりました。

지금 검사 해봅시다. 今検査をしましょう。

알겠어요. わかりました。

지금 즉시 수술을 해야 합니다.

今すぐ手術をしなければなりません。

알겠어요. わかりました。

마취를 해야 합니다. 麻酔をしなければなりません。

전신 마취를 합니다. 全身麻酔をします。

부분 마취를 합니다. 部分麻酔をします。

마취 주사를 놓습니다. 麻酔注射をします。

의사와 환자의 대화 医者と患者の会話

임신 중이에요? 妊娠中ですか

네, 임신 중이에요. はい、妊娠中です。

아니요. いいえ。

알레르기 있어요? アレルギーがありますか

네, 주사 알레르기 있어요.

はい、注射アレルギーがあります。

엑스레이 찍으세요. X線を撮ってください。

단추를 풀고 가슴을 열어 주세요.

ボタンをはずして胸を開けてください。

브래지어를 벗으시고 가슴을 열어 주세요.

ブラジャーをはずして胸を開けてください。

상의를 벗고 가운을 입으세요.

上着を脱いでガウンを着て下さい。

하의를 벗고 가운을 입으세요.

ズボンを脱いでガウンをはいてください。

위를 보고 누우세요. 上を向いて横になってください。

돌아 누우세요. 体を横に回してください。

방향을 바꾸세요. 方向を変えてください。

오른쪽을 보고 누우세요. 右側を見て寝てください。

의사와 환자의 대화 医者と患者の会話

왼쪽을 보고 누우세요. 左側を見て寝てください。

숨을 깊게 들이쉬세요. 深呼吸をしてください。

숨을 멈추세요. 息を止めてください。

숨을 크게 내쉬세요. 息を大きく吐いてください。

옷 입으세요. 服を着てください。

열을 잴게요. 熱を計ります。

맥을 볼게요. 脈を測ります。

혈압을 잴게요. 血圧を測ります。

소변을 받아 오세요. 尿を取ってきてください

대변을 받아 오세요. 大便をとってきてください

가래를 받아 오세요. たんを取ってきてください

이 컵에 소변을 받아 주세요.

このコップに尿を取ってください

혈액 검사 합니다. 血液検査をします。

피부 검사 합니다. 皮膚検査をします。

조직 검사 합니다. 組織検査をします。

혈액형 검사 합니다. 血液型検査をします。

심전도 검사 합니다. 心電図検査をします。

의사와 환자의 대화 医者と患者の会話

초음파 검사 합니다. 超音波検査をします。

채혈 합니다. 採血します。

팔을 걷어 주세요. 腕をあげて下さい。

힘을 빼세요. 力を抜いてください。

주사 놓습니다. 注射をします。

소매를 걷어 주세요. そでをまくってください。

솜으로 누르고 계세요. 綿でおさえて下さい。

문지르지 마세요. こすらないで下さい。

마사지 해주세요. マッサージをして下さい。

긁지 마세요. かかないで下さい。

오늘은 목욕하지 마세요.
今日はお風呂に入らないでください。

오늘은 술 마시지 마세요.
今日はお酒を飲まないでください。

홍역 예방주사 맞았나요? 麻疹の予防注射をしましたか。

간염 예방주사 맞았나요? 肝炎の予防注射をしましたか。

감기 예방주사 맞았나요? 風邪の予防注射をしましたか。

의사와 환자의 대화 医者と患者の会話

2. 병명이 뭐예요? 病名は何ですか。

어디가 아파요? どこが悪いのですか。

왜 아파요? どうして悪いのですか。

아픈 원인이 뭐예요? 悪い原因は何ですか。

언제쯤 나을까요? いつごろ治りますか。

언제쯤 좋아질까요? いつごろ良くなりましたか。

낫는 데 얼마나 걸려요? 治るのにどのくらいかかりますか。

좋아지는 데 얼마나 걸려요?

良くなるのにどのくらいかかりますか。

직장에 나가도 괜찮을까요? 職場に行っても大丈夫ですか。

언제부터 일을 시작할 수 있어요?

いつから仕事を始められますか。

완쾌될 수 있나요? 全快になりますか。

완치가 가능해요? 完治は可能ですか。

부작용은 없어요? 副作用はありませんか。

수술 후유증은 남지 않나요?

手術で後遺症が残ることはありませんか。

재발하지 않아요? 再発しませんか。

의사와 환자의 대화 医者と患者の会話

나아도 재발하는 경우도 있습니다.
治っても再発する場合があります。

약은 언제 먹어요? 薬はいつ飲みますか。
약은 몇 번 먹어요? 薬は何回飲みますか。
약은 언제까지 먹어요? 薬はいつまで飲みますか。

이 주사는 왜 맞아요? この注射はどうして打つのですか。
꼭 주사를 맞아야 하나요?
必ず注射を打たなければなりませんか。
주사 안 맞으면 안 될까요?
注射を打たなければだめですか。
주사 알레르기가 있어요. 注射アレルギーを持っています。

수술은 얼마나 걸려요? 手術はどのくらいかかりますか。
수술 비용이 얼마예요? 手術費用はどの位ですか。
언제쯤 회복되나요? いつごろ回復しますか。
언제쯤 퇴원하나요? いつごろ退院しますか。
수술 안 하면 안 될까요? 手術をしなければだめですか。
약으로 치료할 수 있을까요?
薬で治療することはできますか。

의사와 환자의 대화 医者と患者の会話

자연요법으로 치료할 수 있나요?

自然療法で治療することはできますか。

꼭 입원해야 하나요? 必ず入院しなければなりませんか。

언제까지 입원해야 하나요?

いつまで入院しなければなりませんか。

퇴원해도 될까요? 退院してもいいですか。

퇴원하고 싶어요. 退院したいです。

화장실에 데려다 주세요. トイレに連れて行って下さい。

병실이 추워요. 病室が寒いです。

병실이 더워요. 病室が暑いです。

병실이 건조해요. 病室が乾燥しています。

병실이 습해요. 病室が湿っています。

창문 좀 열어 주세요. 窓を少し開けてください。

물 좀 주세요. 水をちょっと下さい。

침대 좀 올려 주세요. ベッドを少しあげて下さい。

침대 좀 내려 주세요. ベッドを少し下げてください。

산책하고 싶어요. 散歩したいです。

밖에 나가고 싶어요. 外に出たいです。

휠체어 좀 갖다 주세요. 車いすを持ってきてくれますか。

의사와 환자의 대화 医者と患者の会話

파스 붙여도 되나요? 湿布を貼ってもいいですか。

목욕해도 되나요? お風呂に入ってもいいですか。

샤워해도 되나요? シャワーを浴びてもいいですか。

머리 감아도 되나요? 頭を洗ってもいいですか。

걸어 다녀도 되나요? 歩いて通ってもいいですか。

찜질해도 되나요? サウナに入ってもいいですか。

어떤 것을 먹어야 할까요? どんなものを食べるべきですか。

물 마셔도 될까요? 水を飲んでもいいですか。

밥 먹어도 되나요? ご飯を食べてもいいですか。

술 마셔도 되나요? お酒を飲んでもいいですか。

한약 먹어도 되나요? 漢方薬を飲んでもいいですか。

수면제 먹어도 되나요? 睡眠薬を飲んでもいいですか。

비타민 먹어도 되나요? ビタミン剤を飲んでもいいですか。

닭고기 먹어도 되나요? 鶏肉を食べてもいいですか。

진정제 먹어도 되나요? 鎮静剤を飲んでもいいですか。

겨우 걸어다닐 정도로 일어서기가 힘듭니다.

歩くのがやっとで、起き上がれません。

핵심어 キーワード **1**

안과	眼科
눈	眼, 目
시력	視力
백내장	白内障
근시	近視
원시	遠視
난시	乱視
시력검사표	視力表
눈곱	目やに
안구건조증	ドライアイ
라식(Lasik)	レーシック
라섹(Lasek)	ラセック

안내렌즈삽입술	
眼内レンズ挿入術	
안압	眼圧
각막	角膜
초점	焦点
각막염	角膜炎
결막염	結膜炎
백내장	白内障
녹내장	緑内障
다래끼	ものもらい
각막	角膜
홍채	虹彩
동공	瞳孔

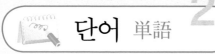

안과가 뭐예요? 眼科は何ですか。

● 안과는 눈과 관련된 병을 치료하는 곳이에요.

眼科は目と関連した病気を治療するところです。

● 눈은 빛의 자극을 받아 물체를 볼 수 있는 기관이에요.

眼は光の刺激を受けて物体を見ることができる器官です。

안과의가 뭐예요? 眼科医とは何ですか。

● 안과의란 눈과 관련된 병을 치료하는 의사 선생님이에요.

眼科医とは目と関連した病気を治療する医者です。

눈곱이 뭐예요? 目やにとは何ですか。

● 눈곱이란 눈에서 나오는 액체예요.

目やにとは目から出る液体です。

● 눈곱은 진득진득한 물같이 나왔다가 마르면 딱딱하게 굳어요.

目やにはネバネバした液体のようで、出て乾くと固まります。

시력 검사판이 뭐예요? 視力表とは何ですか。

● 시력이란 물체를 알아볼 수 있는 눈의 능력을 뜻해요.
視力とは物体を見ることができる目の能力を意味します。

● 시력 검사란 눈의 능력이 좋은지 나쁜지를 알아보는 거예요.
視力検査とは目の能力が良いか悪いかを調べるものです。

● 시력 검사판이란 눈의 능력을 알아보기 위해 무언가 써 놓은 판이에요. 視力表とは目の能力を知るために、何かを記しておいた表です。

라식수술이 뭐예요? レーシック手術とは何ですか。

● 라식수술이란 시력을 교정하는 수술이에요.
レーシック手術とは視力を矯正する手術です。

● 라식수술을 받으면 안경을 쓰지 않아도 잘 볼 수 있어요.
レーシック手術を受けると眼鏡をかけなくてもよく見えます。

충혈이 뭐예요? 充血とは何ですか。

● 충혈이란 눈자위가 빨갛게 변한 상태를 말해요.

充血とは目の縁が赤く変化することを言います。

백내장이 뭐예요? 白内障とは何ですか。

● 백내장이란 눈의 수정체가 회백색으로 흐려져 시력이
떨어지는 병이에요. 白内障とは目の水晶体が灰白色にか
わり視力が落ちる病気です。

녹내장이 뭐예요? 緑内障とは何ですか。

● 녹내장이란 안구의 압력이 높아져서 잘 못 보는 병이에요.
緑内障とは眼球の圧力が高くてよく見えない病気です。

● 안구란 '눈알'을 전문적으로 이르는 말이에요.
眼球とは目玉を専門的に言った言葉です。

근시가 뭐예요? 近視とは何ですか。

● 근시란 가까운 데 있는 것은 잘 보는데 멀리 있는 것은
잘 못 보는 눈을 말해요.
近視とは近くにあるものはよく見えるが遠くにあるものが
よく見えないことをいいます。

● 근시는 오목렌즈 안경을 써야 해요.

近視は凹レンズの眼鏡を使わなくてはいけません。

원시가 뭐예요? 遠視とは何ですか。

● 원시란 가까이에 있는 물체를 잘 못 보는 눈을 말해요.

遠視とは近くにある物をよくみえないことを言います。

● 원시는 볼록렌즈 안경을 써야 해요.

遠視は凸レンズの眼鏡を使わなくてはなりません。

난시가 뭐예요? 乱視とは何ですか。

● 난시란 물체를 명확하게 볼 수 없는 눈을 말해요.

乱視とは物をはっきりと見えない事を言います。

안구건조증이 뭐예요? 眼球乾燥症(ドライアイ)とは何ですか。

● 안구건조증이란 눈알이 눈물에 젖지 않고 마른 상태를
나타내는 말이에요.

眼球乾燥症(ドライアイ)とは眼球が涙にぬれず乾いた状態
を言います。

망막 검사가 뭐예요? 網膜検査は何ですか。

● 망막이란 눈알의 가장 안쪽에 있어요.

網膜とは目玉の一番中の方にあります。

● 수정체를 지나온 빛은 망막에 상을 맺어요.

水晶体を通り過ぎてきた光は網膜に像を映します。

● 망막 검사는 망막에 병이 있는지 조사하는 거예요.

網膜検査は網膜に病気があるか検査することです。

시력이 뭐예요? 視力とは何ですか。

● 시력이란 물체를 인식하는 눈의 능력을 뜻해요.

視力とは物を認識する目の能力を意味します。

시력 검사가 뭐예요? 視力検査とは何ですか。

● 시력 검사란 눈의 능력이 어느 정도인지를 조사하는 거예
요. 視力検査とは目の能力がどの程度か検査するものです。

시력 교정이 뭐예요? 視力矯正とは何ですか。

● 시력 교정이란 눈에 안경이나 렌즈를 껴서 시력을 얻

는 거예요.

視力矯正とは目に眼鏡やレンズをつけて視力を得ることです。

● 교정 시력이란 안경을 낀 상태의 눈의 능력을 말해요.

矯正視力とは眼鏡をかけた状態の目の能力を言います。

각막이 뭐예요? 角膜とは何ですか。

● 각막이란 눈알의 앞쪽에 약간 볼록하게 나와 있는 투명한 막이예요. 角膜とは目玉の前の方に少しぼこっと出ている透明な膜です。

● 빛은 각막을 통해 눈으로 들어가요.

光は角膜を通して目に入ります。

각막 혼탁이 뭐예요? 角膜混濁とは何ですか。

● 각막 혼탁이란 각막이 흐려지는 현상이에요.

角膜混濁とは角膜がにごる現象です。

안경 도수가 뭐예요? 眼鏡度数とは何ですか。

● 안경은 눈에 쓰는 물건이에요. 眼鏡は目にかける物です。

● 안경 도수란 안경의 초점거리를 말해요.

眼鏡度数とは眼鏡の焦点距離を言います。

동공이 뭐예요? 瞳孔とは何ですか。

● 동공이란 눈동자와 같은 말이에요.

瞳孔とは瞳と同じ言葉です。

후유증이 뭐예요? 後遺症とは何ですか。

● 후유증이란 수술을 하거나 약을 먹은 후에 나타나는
부작용을 말해요.

後遺症とは手術をしたり薬を飲んだりした後に出る副作用
を言います。

● 부작용이란 원래 일어나야 할 일이 아닌 나쁜 일이 일
어나는 상태를 말해요.

副作用とはもともと起きるべきことではない悪い事が起き
る状態です。

재수술이 뭐예요? 再手術とはなんですか。

결막염이 뭐예요? 結膜炎とはなんですか。

- 결막염이란 결막에 생기는 염증이에요.

  結膜炎とは結膜にできる炎症です。

- 결막염이 생기면 눈이 붓고, 충혈되고 눈곱이 많이 껴요.

  結膜炎ができると目がはれて、充血し目やにがたくさん出ます。

다래끼가 뭐예요? ものもらいとは何ですか。

- 다래끼란 눈시울이 빨갛게 붓고 곪아서 생기는 부스럼이에요.

  ものもらいとは目頭が赤くはれて膿んでできる腫れ物です。

- 눈시울이란 눈 언저리의 속눈썹이 난 곳이에요.

  目頭とは目の周りのまつげが出ているところです。

- 부스럼이란 피부에 나는 종기를 말해요.

  はれものとは皮膚に出るおできを言います。

- 종기란 피부가 곪으면서 생기는 흔적을 말해요.

  おできとは皮膚が膿みながらできる跡をいいます。

눈물샘이 뭐예요? 涙腺とは何ですか。

● 눈물샘이란 눈물을 내보내는 곳이에요.

涙腺とは涙を送るところです。

● 눈물샘은 눈알이 박혀 움푹 들어간 곳의 바깥 위쪽 구석에 있어요.

涙腺は眼球がはまっている所の外側の上端にあります。

홍채가 뭐예요? 虹彩とは何ですか。

● 홍채란 각막과 수정체 사이에 있는 둥근 모양의 얇은 막이에요.

虹彩とは角膜と水晶体の間にある丸い形の薄い膜です

● 홍채는 눈에 들어오는 빛의 양을 조절해요.

虹彩は目に入ってくる光の量を調節します。

도움이 되는 표현 役に立つ表現 3

어떤 증상이 있을 때 안과에 가요?
どんな症状のとき眼科に行きますか。

● 눈이 아프면 안과에 가요.

目が痛いとき眼科に行きます。

● 눈이 많이 따끔거리면 안과에 가요.

目がちくちくするとき眼科に行きます。

● 눈곱이 많이 끼면 안과에 가요.

目やにがたくさん出たら眼科に行きます。

● 눈이 자주 충혈되면 안과에 가요.

目がよく充血すれば眼科に行きます。

● 백내장 수술하려면 안과에 가요.

白内障手術をするなら眼科に行きます。

● 라식 수술하려면 안과에 가요.

レーシック手術をするなら眼科に行きます。

● 라섹 수술하려면 안과에 가요.

ラセック手術をするなら眼科に行きます。

● 시력 교정 수술하려면 안과에 가요.

視力矯正手術をするなら眼科に行きます。

●안구 건조증이 심하면 안과에 가요.

眼球の乾燥がひどければ眼科に行きます。

●결막염이 있으면 안과에 가요.

結膜炎があれば眼科に行きます。

●다래끼가 심하면 안과에 가요.

ものもらいがひどければ眼科に行きます。

●녹내장 수술하려면 안과에 가요.

緑内障手術をするなら眼科に行きます。

●시력이 많이 떨어지면 안과에 가요.

視力がかなり落ちたら眼科に行きます。

●눈물샘이 막히면 안과에 가요.

涙腺が詰まったら眼科に行きます。

●눈물이 자주 나오면 안과에 가요.

涙がよく出るのなら眼科に行きます。

'눈곱이 끼다' 라는 말의 뜻이 뭐예요?
目やにが付くという言葉の意味は何ですか。

● '눈곱이 끼다' 라는 말은 눈곱이 말라붙어 있는 상태를 말해요.

目やにが付くということは目やにが乾いてくっついている状態を言います。

● 눈곱이 끼어 있으면 보기 싫으니까 눈곱을 떼는 것이 좋아요.

目やにがついているのは見目が悪いので目やにをとった方がいいです。

'눈곱만큼' 이 뭐예요?
「ヌンコップマンクム(目やにほど)」とは何ですか。

● '눈곱만큼' 이라는 말은 양이 아주 적다는 뜻이에요.

「ヌンコップマンクム(目やにほど)」という言葉は量がとても少ないという
意味です。

● 나는 이 집에 눈곱만큼의 미련도 없다.

わたしはこの家に全く(目やにほども)未練はありません。

● 라면이 눈곱만큼밖에 없어서 줄 수 없다.

ラーメンがわずか(目やにほど)しかなくてあげることができない。

현장 한국어 現場の韓国語

아픈 증상을 말할 때 이렇게 하세요.
具合が悪い(痛みがある)とき、このように言ってください。

● 눈이 많이 아파요. 目がとても痛いです。

● 눈이 많이 따끔거려요. 目がとてもひりひりします。

● 눈곱이 자주 껴요. 目やにがよく出ます。

● 눈이 자주 충혈돼요. 目がよく充血します。

● 백내장 수술하러 왔어요. 白内障の手術をしに来ました。

● 라식 수술하러 왔어요. レーシック手術をしに来ました。

● 라섹 수술하러 왔어요. ラセック手術をしに来ました。

● 시력 교정 수술하러 왔어요. 視力矯正の手術をしに来ました。

● 녹내장 수술하러 왔어요. 緑内障の手術をしに来ました。

● 안구 건조증이 심해요. 眼球乾燥症がひどいです。

● 결막염이 있어요. 結膜炎があります。

● 다래끼가 심해요. ものもらいがひどいです。

● 시력이 많이 떨어졌어요. 視力がひどくおちました。

● 눈물샘이 막혔어요. 涙腺が詰まりました。

● 눈이 시립니다. 目がまぶしいです。

● 눈에 이물질이 들어간 것 같아요. 目に異物が入っているみたいです。

● 눈이 건조합니다. 目が乾燥しています。

● 눈이 빨갛습니다. 目が赤いです。

● 눈이 붓고 간지럽습니다. 目が腫れてむずむずします。

● 눈이 가렵습니다. 目がかゆいです。

● 눈이 침침합니다. 目がかすんで見えます。

● 잘 안 보입니다. はっきり見えません。

● 물체가 이중으로 보입니다. 物が二重に見えます。

● 글씨가 잘 보이지 않습니다. 字がよく見えません。

'눈'과 관련된 말이에요. 目と関連している言葉です。

● 눈을 뜨다. 눈을 뜨세요. 目を開ける。目を開けてください。

● 눈을 감다. 눈을 감으세요. 目を閉じる。目を閉じてください。

● 눈이 맑다. 눈이 맑아요. 目がきれいだ。目がきれいです。

● 눈이 흐려요. 目が濁っています。

● 눈이 좋다. 눈이 좋아요. 目がいい。目がいいです。

● 눈이 나쁘다. 눈이 나빠요. 目が悪い。目が悪いです。

●눈이 밝다. 눈이 밝아요. 目が明るい。目が明るいです。

●눈이 어둡다. 눈이 어두워요. 目が暗い。目が暗いです。

●눈이 맞다. 당신 눈이 맞아요. 目が合う。あなたの目が正しいです。

●제 동생이 영화배우와 눈이 맞았어요.

わたしの弟は映画俳優とフィーリングが合いました。

●눈이 정확하다. 눈이 정확해요. 目がたしかだ。目がたしかです。

●눈이 초롱초롱하다. 눈이 초롱초롱해요.

目が澄んでいる。目が澄んでいます。

●눈을 부라리다. 형이 저에게 눈을 부라렸어요.

目をむく。兄が私に目をむきました。

●눈을 내리깔다. 눈을 내리깔고 앉아 있었어요.

視線を落す。視線を落していました。

●눈을 치뜨다. 눈을 치떴어요.

上目づかいをする。上目づかいをしました。

●눈을 내려뜨다. 눈을 내려떴어요.

伏し目がちにする(見る)。伏し目がちに見ました。

- 의심하는 눈으로 보다. 의심하는 눈으로 보았어요.

  疑いの目で見る。疑いの目で見ました。

- 부러워하는 눈으로 보다. 羨ましい目で見る。

- 다른 사람의 눈을 의식하다. 다른 사람의 눈을 의식했어요.

  人の目を気にする。人の目を気にしました。

- 눈이 무섭다. 눈이 무서워요. 다른 사람의 눈을 무서워해요.

  目が怖い。目が怖いです。 人の目を怖がります。

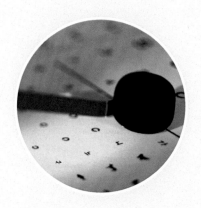

핵심어 キーワード 1

피부	皮膚		두드러기	じん麻疹
피부과	皮膚科		긁은 상처	
여드름	ニキビ、挫創			剥離、剥脱、ひっかき傷
점	母斑、ほくろ		화장독	化粧あれ
기미	しみ、肝斑		건성	乾性(乾燥肌)
주근깨	そばかす		지성	脂性
흉터	瘢痕、傷跡		주름	シワ
모낭	毛包		아토피 피부염	
땀샘	汗腺			アトピー性皮膚炎
사마귀	いぼ		연고	軟膏
수포	水疱		박피	ピーリング
무좀	水虫		레이저 치료	
색소침착	色素沈着			レーザー治療
딱지	かさぶた、かひ		켈로이드	ケロイド
자외선	紫外線			

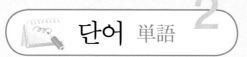

피부 조직 皮膚組織

피부가 뭐예요? 皮膚とは何ですか。

- 피부는 '살갗' 이라고도 해요. 皮膚は肌とも言います。
- 피부는 우리 몸의 가장 겉에 있는 표면이에요.

  皮膚は私たちの体の一番外にある表面です。
- 피부는 우리 몸의 근육들과 기관을 보호하는 조직이에요.

  皮膚は私たちの体の筋肉と器官を保護する組織です。
- 피부는 병원균으로부터 우리 몸을 보호하는 역할을 해요.

  皮膚は病原菌から私たちの体を保護する役割をします。

피부과가 뭐예요? 皮膚科とは何ですか。

- 피부과는 피부의 질병을 치료하는 의학의 한 분야예요.

  皮膚科は皮膚の病を治療する医学の一分野です。

여드름이 뭐예요? ニキビとは何ですか。

- 여드름이란 주로 얼굴에 나는 종기예요.

  ニキビとは主に顔に出るでき物です。

- 여드름은 검붉은 색으로 오톨도톨하게 나요.

  ニキビは赤黒くてでこぼこしています。

- 여드름은 털구멍이 막혀서 생겨요.

  ニキビは毛穴が詰まってできます。

- 여드름은 등이나 팔에 나기도 해요.

  ニキビは背中や腕にできたりもします。

화장독이 뭐예요? 化粧かぶれとは何ですか。

- 화장독이란 화장품 때문에 생기는 부작용이에요.

  化粧かぶれとは化粧品のせいで起きる副作用です。

- 화장독은 화장품이 피부에 맞지 않기 때문에 생겨요.

  化粧かぶれは化粧品が皮膚に合わなくてできます。

- 화장독이 생기면 피부가 벌게져요.

  化粧かぶれになると皮膚が赤くなります。

기미가 뭐예요? シミとは何ですか。

- 기미는 얼굴에 끼는 검은색 점이에요.

  シミとは顔にできる黒い点のことを言います。

- 임신을 하면 얼굴에 기미가 껴요.

妊娠をすると顔にシミができます。

● 마음고생이 심하면 얼굴에 기미가 껴요.

気苦労が多いと顔にシミができます。

제모가 뭐예요? 脱毛とは何ですか。

● 제모는 털을 없애는 것이에요.

脱毛とは毛を無くすことです。

● 한국 여성들은 韓国の女性は

◇ 얼굴의 털 顔の毛

◇ 겨드랑이의 털 脇の毛

◇ 다리의 털 足の毛

을 깎거나 없애요. を剃ったり無くします。

아토피가 뭐예요? アトピーとは何ですか。

● 아토피는 우리 몸에 나타나는 알레르기 반응이에요.

アトピーは私たちの休に現れるアレルギー反応です。

● 주로 아토피성 피부염이 많아요.

主にアトピー性皮膚炎が多いです。

● 아토피성 피부염은 팔꿈치의 피부가 두꺼워지면서 까

칠까칠해지고 몹시 가려워요. アトピー性皮膚炎はひじ
が、厚くなりながら、かさかさになりとてもかゆいです。

액취증이 뭐예요? ワキガとは何ですか。

● 액취증이란 겨드랑이 냄새 또는 암내라고도 해요.
   ワキガとは脇の臭いまたは腋臭と言います。

● 액취증은 땀이 원인이에요. ワキガは汗が原因です。

● 액취증은 겨드랑이의 땀이 암내를 풍기는 병이에요.
   ワキガは脇の汗が悪息を漂わす病気です。

흉터가 뭐예요? 傷跡とは何ですか。

● 흉터란 상처가 아문 후 남은 자국이에요.
   傷跡とは傷が治った後残った跡です。

안면홍조가 뭐예요? 赤ら顔とは何ですか。

● 안면홍조란 얼굴이 붉어진 상태가 오래 지속되는 증상이
   에요. 赤ら顔とは顔が赤くなった状態が長く続く状態です。

● 안면홍조는 사소한 자극에 쉽게 얼굴이 붉어지는 증상이

에요. 赤ら顔は小さな刺激で簡単に顔が赤くなる症状です。

- 안면홍조는 갑자기 따뜻한 실내에 들어왔을 때 얼굴이 붉어지는 증상이에요. 赤ら顔はいきなり暖かい室内に入ったとき顔が赤くなる症状です。

- 안면홍조는 술을 마실 때, 만성 여드름이 있을 때, 알러지가 있을 때 생겨요. 赤ら顔はお酒を飲んだとき、慢性ニキビがあるとき、アレルギーがあるときできます。

- 안면홍조는 폐경기의 여성에게도 생겨요. 赤ら顔は閉経期の女性にもでます。

모공이 뭐예요? 毛穴とはなんですか。

- 모공이란 땀구멍이라고도 해요. 毛穴とは汗の穴とも言います。

모공축소가 뭐예요? 毛穴縮小とはなんですか。

- 모공축소란 땀구멍의 크기를 줄이는 것이에요. 毛穴縮小とは毛穴(汗穴)の大きさを縮めることです。

- 보통 코 주위의 땀구멍이 큰 경우 모공축소를 해요.

普通、鼻の周りの毛穴(汗穴)が広がっている場合、毛穴縮小が起こります。

잡티가 뭐예요? 小キズ(いろいろな小さい傷)とは何ですか。

- 잡티란 얼굴에 생기는 자질구레한 티 또는 흠이에요.

  小キズとは顔にできる細かな傷です。

주름이 뭐예요? シワとは何ですか。

- 주름이란 피부에 생긴 줄이에요.

  シワとは皮膚にできる線です。

잔주름이 뭐예요? コジワとは何ですか。

- 잔주름이란 피부에 생긴 가는 줄이에요.

  小ジワとは皮膚にできる時間のたった線です。

주근깨가 뭐예요? そばかすとは何ですか。

- 주근깨란 얼굴에 생기는 작은 갈색 점이에요.

  そばかすとは顔にできるちいさい茶色い点です。

검버섯이 뭐예요? 老斑とは何ですか。

● 검버섯이란 주로 노인의 살갗에 생겨요.

　老斑とは主に老人の皮膚にできます。

● 검버섯은 피부에 거무스름한 얼룩이 생기는 거예요.

　老斑は皮膚に浅黒い染みができることを言います。

비듬이 뭐예요? ふけとは何ですか。

● 비듬은 머리에 생기는 피부병이에요.

　ふけとは頭にできる皮膚の病気です。

● 비듬은 머리 표면에 회백색 비늘이 생기는 병이에요.

　ふけは頭の表面に灰白色の皮膜ができる病気です。

튼살이 뭐예요? 肉割れとは何ですか。

● 튼살이란 갑작스럽게 살이 쪄서 피부가 터진 모습이에요.

　肉割れとはいきなり太って皮膚が破れた姿です。

● 임신을 하면 배가 트기도 해요.

　妊娠をしたらお腹が裂けたりします。

문신 제거가 뭐예요? 入れ墨除去とは何ですか。

● 문신이란 물감을 이용하여 피부에 그림이나 글씨를 써 넣는 거예요.

入れ墨とは絵の具を使って皮膚に絵や文字を書くことです。

● 문신 제거란 문신을 없애는 거예요.

入れ墨除去とは入れ墨を無くすことです。

닭살 피부가 뭐예요? 鳥肌とは何ですか。

● 닭살 피부란 털구멍에 각질이 쌓여서 피부가 닭의 살처럼 오톨도톨하게 변한 상태를 말해요.

鳥肌とは毛穴に核質が溜まって皮膚に鶏の皮のようなぼつぼつができる状態を言います。

백반증이 뭐예요? 白斑症とは何ですか。

● 백반증이란 피부에 흰색 반점이 생기는 병이에요.

白斑症とは皮膚に白い老斑ができる病気です。

● 백반증은 입술이나 혀에 주로 나타나요.

白斑症は唇や舌に主に現れます。

보톡스가 뭐예요? ボトックスとは何ですか。

- 보톡스란 주름을 펴는 주사예요.

  ボトックスとはシワを伸ばす注射です。

- 보톡스는 통증 감소 효과가 있다고 해요.

  ボトックスは痛みを和らげる効果があると言います。

노화가 뭐예요? 老化とは何ですか。

- 노화란 나이가 들어 여러 기능이 쇠퇴하는 증상이에요.

  老化とは年をとって様々な機能が衰退する症状です

도움이 되는 표현 役に立つ表現 3

어떤 증상이 있을 때 피부과에 가요?
どんな症状がある時皮膚科へ行きますか。

● 여드름이 심하면 피부과에 가요.

　ニキビがひどい時皮膚科へ行きます。

● 화장독이 심하면 피부과에 가요.

　化粧かぶれがひどい時皮膚科へ行きます。

● 기미를 없애고 싶으면 피부과에 가요.

　しみを無くしたい時皮膚科へ行きます。

● 흉터를 없애고 싶으면 피부과에 가요.

　傷跡を消したい時皮膚科へ行きます。

● 털을 없애고 싶으면 피부과에 가요.

　毛を無くしたい時皮膚科へ行きます。

● 제모하고 싶으면 피부과에 가요.

　脱毛したい時皮膚科へ行きます。

● 아토피가 심하면 피부과에 가요.

　アトピーがひどい時皮膚科へ行きます。

● 액취증이 심하면 피부과에 가요.

　ワキガがひどい時皮膚科へいきます。

● 안면홍조가 심하면 피부과에 가요.

　赤ら顔がひどい時皮膚科へ行きます。

●모공축소 하려면 피부과에 가요.

　毛穴を目立たなくしたい時皮膚科へ行きます。

●잡티를 없애려면 피부과에 가요.

　ちいさな傷を消したい時皮膚科へ行きます。

●주름을 없애려면 피부과에 가요.

　シワを無くしたい時皮膚科へ行きます。

●주근깨를 없애려면 피부과에 가요.

　そばかすを無くしたい時皮膚科へ行きます。

●검버섯을 없애려면 피부과에 가요.

　老斑を無くしたい時皮膚科へ行きます。

●비듬을 없애려면 피부과에 가요.

　ふけを無くしたい時皮膚科へ行きます。

'피부 미용'이 뭐예요? 皮膚美容とは何ですか。

●피부 미용이란 피부를 건강하고 아름답게 하려는 행위를 말해요.

　皮膚美容とは皮膚を健康で美しくしようとする行為を言います。

'비만 클리닉'이 뭐예요? 肥満クリニックとは何ですか。

● '비만 클리닉' 은 살을 빼주는 곳이에요.

　肥満クリニックとは脂肪を取ってくれるところです。

'건성'이 뭐예요? 乾燥性とは何ですか。

● '건성'이란 기름과 땀의 분비가 적은 피부 상태를 말해요.

乾燥性とは脂と汗の分泌が少ない皮膚の状態を言います。

● 건성피부는 건조하고 윤기가 없어요.

乾燥肌は乾燥していてつやがありません。

● 건성피부는 얼굴을 씻고 나면 얼굴이 당겨요.

乾燥肌は顔を洗うと顔がつっぱります。

'지성'이 뭐예요? 脂性とは何ですか。

● '지성'이란 기름의 분비량이 많은 피부예요.

脂性とは皮脂の分泌量が多い皮膚です。

● 지성피부는 기름 분비가 많아 여드름이 잘 생겨요.

オイリー肌は皮脂の分泌が多くニキビがよくできます。

● 지성피부는 얼굴을 자주 씻어주면 좋아요.

オイリー肌は顔をよく洗うと良いです。

아픈 증상을 말할 때 이렇게 하세요.
（痛い）症状をいう時こう言います。

- ●여드름이 심해요. ニキビがひどいです.
- ●화장독이 심해요. 化粧かぶれがひどいです.
- ●안면홍조가 심해요. 赤ら顔がひどいです.
- ●제모하고 싶어요. 脱毛したいです.
- ●아토피가 심해요. アトピーがひどいです.
- ●액취증이 심해요. ワキガがひどいです.

- ●모공축소하고 싶어요. 毛穴縮小をしたいです.
- ●주름을 없애고 싶어요. シワを無くしたいです.
- ●주근깨를 없애고 싶어요. そばかすを無くしたいです.
- ●검버섯을 없애고 싶어요. 老斑を無くしたいです.
- ●기미를 없애고 싶어요. しみを無くしたいです.

- ●털을 없애고 싶어요. 毛を無くしたいです.
- ●흉터를 없애고 싶어요. 傷跡を無くしたいです.
- ●잡티를 없애고 싶어요. 小さな傷を無くしたいです.
- ●비듬을 없애고 싶어요. ふけを無くしたいです.

제 피부 상태가 어때요? 私の皮膚の状態はどうですか。

- 건성 피부예요. 乾燥肌です。
- 지성 피부예요. オイリー肌です。
- 건강한 피부예요. 健康な皮膚です。

예방접종 予防接種

결핵이란? 結核とは。

결핵이란 결핵균에 의한 감염질환으로 폐를 침범할 뿐만 아니라 뼈나 관절, 뇌 등의 신체의 다른 부위에도 영향을 주는 질환이다.

結核とは結核菌による感染疾患で、肺を犯すだけでなく骨や関節・脳など身体のほかの部位にも影響を与える疾患である。

B형간염이란? B型肝炎とは。

B형간염이란 바이러스에 감염되어 간의 염증이 발생하는 질환이다. 자각증상이 없는 것이 특징으로, B형간염 바이러스에 감염되면 만성 보유자가 되기 쉽고, 나중에 일부에서 간경화나 간암과 같은 심각한 간질환으로 진행될 가능성이 높다

B型肝炎とはウイルスに感染し、肝の炎症が発生する疾患である。自覚症状がないのが特徴で、B型肝炎ウイルスに感染すると慢性保有者になりやすく、後に一部から肝硬化や肝癌のような深刻な肝疾患に進行する可能性が高い。

디프테리아균이란? ジフテリア菌とは。

디프테리아균에 의해서 발생하는 급성, 호흡기 전염병

예방접종 予防接種

이다. 한국에서는 예방접종 실시로 1987년이후 환자가
발생하고 있지 않다.

ジフテリア菌により発生する急性・呼吸器伝染病である。韓国
では予防接種実施で1987年以後には患者が発生していない。

파상풍이란? 破傷風とは。

파상풍이란 파상풍균에 의해 전신의 근육이 경직되면
서 움직이지 못하고 높은 사망률을 보이는 질병이다.
파상풍균은 토양 등에 존재하며 사람에서 사람으로는
전파되지 않는다.

破傷風菌により全身の筋肉が硬直し動かすことができずに
高い死亡率を見せている疾病である。破傷風菌は土壌など
の環境に存在し、人から人へは伝染しない。

백일해란? 百日咳とは。

백일해균에 의한 호흡기 감염 질환이다. 여름과 가을
에 증가하는 경향을 보이며, 전염성이 매우 높아 가족
내 2차 발병율이 80%에 달한다.

百日咳菌による呼吸器感染疾病である。夏と秋に増加する傾
向を見せて伝染性が非常に高くて家族内2次発病率が80%に
達する。

예방접종 予防接種

폴리오란? ポリオとは。

폴리오란 소아에게 하지 마비를 일으키는 가장 무서운 질병으로 알려져 있으나, 예방접종으로 한국에서는 1983년 이후 환자가 발생하고 있지 않다.

ポリオとは小児に下半身麻痺を引き起こす一番恐ろしい疾病として知られており、予防接種の実施で国内では1983年以後患者が発生していない。

홍역이란? はしかとは。

홍역이란 급성 발진성 바이러스 질환으로 이전에는 소아에서 생명을 위협하는 주요 질병이었지만 2001년 대유행 이후로는 환자가 급격히 감소했다.

急性発疹性ウイルス疾患で以前には小児の生命を脅威する主要疾病だったが、2001年代流行以後には患者が急激に減少した。

유행성이하선염(볼거리)이란? 流行性耳下腺炎(おたふく風邪)とは。

유행성이하선염이란 이하선을 포함하여 전신을 침범할 수 있는 Mumps virus에 의한 급성바이러스성 질환이다.

예방접종 予防接種

流行性耳下腺炎は耳下腺を含めた全身を犯すことができる
Mumps virusによる急性ウイルス性疾患である。

풍진이란? 風疹とは。

풍진은 발진, 림프절염을 동반하는 급성 바이러스성 질환이다. 임신 초기의 임신부가 풍진에 감염될 경우 태아에게 선천성 기형을 유발할 수 있다.

風疹は発疹、リンパ節炎などを伴うウイルス性疾患である。
妊娠初期の妊婦が風疹に感染した場合、胎児に先天性奇形を
誘発することもある。

수두란? 水疱瘡とは。

수두란 급성 바이러스 질환으로 급성 미열로 시작되고 온몸이 가렵고 발진성 수포가 발생하는 질환이다.

水疱瘡は急性ウイルス性疾患で急性微熱から始まり全身が
痒くて発疹性水泡が発生する疾患である。

일본뇌염이란? 日本脳炎とは。

일본뇌염이란 일본뇌염 바이러스에 의한 전염병으로 작은 빨간집모기에 의해 감염되어 뇌염을 일으키는 질환이다.

예방접종 予防接種

日本脳炎とは日本脳炎ウイルスによる伝染病で赤家蚊によって感染して脳炎を起こす疾患である。

인플루엔자란? インフルエンザとは。

인플루엔자란 흔히 독감이라고 불리며, 인플루엔자 바이러스에 감염되어 갑자기 고열, 두통, 근육통, 피로감, 인후통, 기침, 가래, 콧물 등이 나타나는 질환이다.

インフルエンザとは多く'毒感'と呼ばれ、インフルエンザウイルスに感染して急に高熱、頭痛、筋肉痛、疲労感、のどの痛み、咳、痰、鼻水などが現れる疾患である。

장티푸스란? 腸チフスとは。

장티푸스란 Salmonella Typhi 감염에 의한 급성 전신성 열성질환으로 인체 배설물이나 식수가 부족한 개발도상국에서 유행하는 질환이다.

腸チフスとはSalmonella Typhiの感染による急性全身性熱性疾患で人体排泄物や飲み水の供給が不備な発展途上国で流行する疾患である。

핵심어 キーワード 1

임신	妊娠	철분제	鉄分剤
출산	出産	초음파검사	超音波検査
해산	お産	태아	胎児
산후 조리	産後の養生	양수	羊水
수유	授乳	진통촉진제	陣痛促進剤
모유	母乳	진통	陣痛
우유	牛乳	내진	内診
좌욕	座浴	출산예정일	出産予定日
기미	しみ	제왕절개	帝王切開
유산	流産	모유수유	母乳授乳
조산	早産	탯줄	へその緒、臍帯
사산	死産	회음절개	会陰切開
산전검진	産前検診	자궁	子宮
빈혈	貧血	폐경	閉経
입덧	つわり	피임	避妊

산부인과가 뭐예요? 産婦人科って何ですか。

- 산부인과는 産婦人科は
  ◇ 임신 妊娠
  ◇ 출산 出産
  ◇ 신생아 新生児
  ◇ 부인병 婦人病
  을 다루는 병원이에요. を扱う病院です。

임신이 뭐예요? 妊娠とは何ですか。

- 임신이란 아이를 가진 것을 말해요.
  妊娠とは子供ができたことを言います。

임신하면 어떤 변화가 있어요?
妊娠したらどんな変化がありますか。

- 임신하면 월경이 정지됩니다.
  妊娠したら月経が止まります。
- 월경은 생리라고도 말해요. 月経は生理とも言います。
- 임신하면 생리 예정일에 생리가 없어요.
  妊娠したら予定日に生理がありません。

- 임신하면 체온이 높아져요.

  妊娠したら体温が高くなります。

- 체온이 높아지는 것을 고온이라고 해요.

  体温が高くなることを高温とも言います。

- 임신하면 고온이 3주 이상 계속됩니다.

  妊娠すると高温が３週間以上続きます。

- 임신하면 질이 부드러워져요.

  妊娠したら膣が柔らかくなります。

- 질이 부드러워지는 이유는 임신하면 혈액순환이 좋아지기 때문이에요. 膣が柔らかくなる理由は妊娠すると血液循環が良くなるからです。

- 임신하면 질에서 나오는 분비물이 늘어나요.

  妊娠したら膣からでる分泌物が増えます。

- 임신하면 유방이 팽팽하게 부풀어요.

  妊娠したら乳房がパンパンに膨らみます。

- 임신하면 몸과 팔다리가 무거워요.

  妊娠したら体と手足が重く感じます。

- 임신하면 소변이 자주 마려워요.

  妊娠すると尿がしょっちゅう出ます。

- 임신하면 변비가 생겨요. 妊娠したら便秘になります。

● 임신하면 머리가 어지러워요. 妊娠すると目まいがします。

● 임신하면 몸이 추웠다 더웠다 해요.

　妊娠すると体が寒かったり暑かったりします。

● 임신하면 가슴이 답답해요. 妊娠したら胸焼けがします。

● 임신하면 얼굴에 기미가 생겨요.

　妊娠したら顔にシミができます。

● 기미란 얼굴에 생기는 갈색 반점이에요.

　シミとは顔にできる茶色い斑点です。

● 임신하면 멀건 물을 토해요. 妊娠したら水を吐きます。

● 임신하면 구역질을 해요. 妊娠すると吐き気がします。

● 구역질이란 먹은 음식이 위로 올라와 입으로 토하는
　것을 말해요. 吐き気とは食べたものが上に上がってきて口
　から吐くことを言います。

● 임신하면 입덧을 해요. 妊娠したらつわりをします。

● 입덧은 임신 2개월 중순부터(7주째부터 : 관계 후 5주) 나타
　나요. つわりは妊娠2ヶ月中旬から（7週目から : 関係から
　5週)現れます。

● 입덧은 4개월 중순(13주 : 관계 후 11주) 정도에 사라져요.
　つわりは4ヶ月中旬(13週:関係後11週)頃に消えます。

입덧이 뭐예요? つわりとは何ですか。

● 입덧은 보통 임신 3개월부터 시작해요.

つわりは普通妊娠３ヶ月から始まります。

● 입덧의 증상은 어떤 냄새를 맡으면 구역질이 나는 거예요. つわりの症状は臭いを嗅ぐと吐き気がすることです。

● 입덧할 때에는 음식을 먹는 즉시 곧바로 토해요.

つわりの時は食べたらすぐ吐きます。

● 입덧할 때에는 갑자기 어떤 음식이 먹고 싶어지면 참기 어려워요. つわりの時は突然食べ物を食べたくなると我慢できません。

● 입덧할 때에는 평소에 좋아하지 않았던 음식이 당기기도 해요. つわりの時はふだん好きではなかった食べ物が食べたくなったりもします。

● 입덧 기간에는 먹고 싶은 것만 조금씩 자주 먹는 게 좋아요. つわりの期間には食べたいものだけ少量をちょくちょく食べるのがいいです。

양수가 뭐예요? 羊水とは何ですか。

● 양수는 자궁 내의 태아를 둘러싸고 있는 액체예요.

羊水とは子宮内の胎児を包んでいる液体です。

태아가 뭐예요? 胎児とは何ですか。

● 태아란 아직 태어나지 않은 뱃속의 아기를 말해요.

胎児とはまだ生まれていないお腹の赤ちゃんを言います。

자궁이 뭐예요? 子宮とは何ですか。

● 자궁은 뱃속에서 태아가 자라는 기관이에요.

子宮はお腹の中で胎児が育つ器官です。

질이 뭐예요? 膣とは何ですか。

● 질은 여성의 생식기를 말해요.

膣は女性の生殖器を言います。

출산이 뭐예요? 出産とは何ですか。

● 출산이란 뱃속에 있는 아이가 자궁 밖으로 나오는 것을 말해요. 出産とはお腹の中にいる子供が子宮の外にでることをいいます。

해산이 뭐예요? お産とは何ですか。

- 해산은 출산과 같은 말이에요.

  お産とは出産と同じ言葉です。

- 해산은 아이를 낳는 것을 말해요.

  お産は子供を産むことを言います。

신생아가 뭐예요? 新生児とは何ですか。

- 신생아는 갓난아이를 말해요.

  新生児とは産まれたばかりの赤ん坊を言います。

부인병이 뭐예요? 婦人病とは何ですか。

- 부인병은 여성 생식기에 생기는 병을 통틀어 이르는
  말이에요. 婦人病とは女性の生殖器にできる病気をひっく
  るめて言う言葉です。

산후 조리가 뭐예요? 産後の養生とは何ですか。

- 산후는 아이를 낳은 후라는 뜻이에요.

  産後は子供を産んだ後という意味です。

- 산후 조리는 아이를 낳은 아이 엄마의 몸을 보살피는

것이에요. 産後の養生は子供を産んだお母さんの体の面倒
をみることです。

- 산후 조리는 산후 몸조리라고도 해요.
  産後の養生は産後の保養とも言います。

신생아실이 뭐예요? 新生児室とは何ですか。

- 신생아실은 갓 태어난 아기를 눕혀 놓는 방이에요.
  新生児室は生まれたばかりの赤ちゃんを寝かしておく部屋です。

분만이 뭐예요? 分娩とは何ですか。

- 분만이란 출산/해산과 같은 말입니다.
  分娩とは出産、お産と同じ言葉です。

- 분만은 아기를 낳는 것입니다.
  分娩は赤ちゃんを産むことです。

- 분만은 2단계로 나누어집니다.
  分娩は２段階に分けられます。

- 1단계 분만은 아기의 머리가 나올 수 있을 정도로 산모
  의 자궁이 지름 10㎝가량 벌어지는 때입니다.
  １段階分娩は赤ちゃんの頭が出て来るくらいに産母の子宮
  が直径10cmほど開いた時です。

● 2단계 분만은 아기가 나오는 때입니다.
  ２段階分娩は赤ちゃんが出てくる時です。

산후조리원이 뭐예요? 産後療養院とは何ですか。

● 산후조리원은 돈을 받고 아기와 아기 엄마를 돌봐주는 곳입니다.
  産後療養院はお金をもらって赤ちゃんとお母さんの面倒をみるところです。

산후 도우미가 뭐예요? 産後ヘルパーとは何ですか。

● 산후 도우미는 돈을 받고 집으로 방문하여 아기와 아기 엄마를 돌보는 사람입니다.
  産後ヘルパーはお金をもらって家を訪問し、赤ちゃんとお母さんの面倒をみる人です。

수유가 뭐예요? 授乳とは何ですか。

● 수유는 아기에게 젖을 주는 것입니다.
  授乳は赤ちゃんにお乳をあげることです。

수유실이 뭐예요? 授乳室とは何ですか。

● 수유실은 아기에게 젖을 줄 수 있게 만들어 놓은 방입니다.
授乳室は赤ちゃんにお乳を飲ませるために作った部屋です。

모유가 뭐예요? 母乳とは何ですか。

● 모유는 엄마 젖입니다. 母乳はお母さんのお乳です。

대기실이 뭐예요? 待合室とは何ですか。

● 대기실은 아기 낳기 전까지 기다리는 방입니다.
待合室は赤ちゃんを産む前まで待っている部屋です。

분만실이 뭐예요? 分娩室とは何ですか。

● 분만실은 아기 낳는 방입니다.
分娩室は赤ちゃんを産む部屋です。

제왕절개가 뭐예요? 帝王切開とは何ですか。

● 제왕절개는 아기 엄마의 배와 자궁을 절개하여 아기를
꺼내는 수술입니다. 帝王切開はお母さんのお腹と子宮を
切開して赤ちゃんを取り出す手術です。

배냇저고리가 뭐예요? ベネッチョゴリ(産衣)とは何ですか。

- 배냇저고리는 갓 태어난 아기에게 입히는 옷입니다.

  ベネッチョゴリ(産衣)は生まれたばかりの赤ちゃんに着せる服です。

- 배냇저고리는 3벌 정도 준비합니다.

  ベネッチョゴリ(産衣)は３着ほど準備します。

- 배냇저고리는 1달 정도 입힙니다.

  ベネッチョゴリ(産衣)は１ヶ月ほど着せます。

- 배냇저고리 세탁은 매일 합니다.

  ベネッチョゴリ(産衣)の洗濯は毎日します。

- 배냇저고리는 세탁기에 넣어 돌리거나 유아 세제로 빤 후 맑은 물에 넣고 삶는 것이 좋습니다.

  ベネッチョゴリ(産衣)は洗濯機に入れてまわしたり乳児洗剤で洗った後きれいな水に入れて蒸すのが良いです。

- '삶는다' 라는 말은 물에 옷을 넣고 끓이는 것입니다.

  蒸すという意味は水に服を入れて煮るということです。

탯줄이 뭐예요? へその緒とは何ですか。

- 탯줄은 태아와 태반을 연결하는 줄입니다.

  へその緒は胎児と胎盤を連結する線です。

● 탯줄은 길이 60㎝, 지름 1.3㎝쯤 됩니다.

へその緒は長さが60㎝、直径1.3㎝ほどになります。

태반이 뭐예요? 胎盤とは何ですか。

● 태반은 태아와 아기 엄마의 자궁을 연결시키는 기관입니다. 胎盤は胎児とお母さんの子宮を連結させる器官です。

태교가 뭐예요? 胎教とは何ですか。

● 태교는 아이를 밴 여성이 태아에게 좋은 영향을 주기 위하여 마음을 바르게 하고 좋은 음악을 들으며 좋은 음식을 먹고 자세를 반듯하게 하며 좋은 말을 하는 것이에요. 胎教は子供ができた女性が胎児にいい影響を与えられるように、心を正しくもち、良い音楽を聴いて良い食べ物を食べて、姿勢を正しくして良い言葉を話すことです。

좌욕이 뭐예요? 座浴とは何ですか。

● 좌욕은 36도~45도의 뜨거운 물에 하반신을 담그는 것이에요. 座浴は36度～45度の熱いお湯に下半身をつけることです。

산모가 뭐예요? 産母とは何ですか。

● 산모는 아기를 갓 낳은 여성을 말해요.
産母は赤ちゃんを産んだばかりの女性を言います。

미역국이 뭐예요? わかめスープとは何ですか。

● 미역국은 물에 미역을 넣어 뜨겁게 끓인 국이에요.
わかめスープは水にわかめを入れて熱くゆでたスープです。

● 한국에서, 아이를 낳은 여성이 처음으로 먹는 식사는 미역국과 밥이에요. 韓国では子供を産んだ女性が産後初めて食べる食事はわかめスープとご飯です。

유산이 뭐예요? 流産とは何ですか。

● 유산은 태아가 임신한 지 20주가 못 되어 자궁 밖으로 나오는 것이에요. 流産は胎児が妊娠した20週になる前に子宮の外に出ることです。

● 유산되었다, 유산 안 되었다 라고 말해요.
流産した、流産しなかった、と言います。

- 유산에는 자연 유산과 인공 유산이 있어요.

  流産には自然流産と人工流産があります。

- 자연 유산은 피가 나면서 태아에 이상이 생기는 것이에요.

  自然流産は出血をともないながら胎児に異常が起きることです。

- 자연 유산이 되면 애가 떨어졌다고 말해요.

  自然流産になったら子供が落ちたと言います。

- 인공 유산은 임신 중절 수술을 하는 것이에요.

  人工流産は妊娠中絶手術をすることです。

- 인공유산은 애를 뗐다고 말해요.

  人工流産は子供を下ろすと言います。

조산이 뭐예요? 早産とは何ですか。

- 조산은 예정일보다 아이를 일찍 낳는 것이에요.

  早産は予定日より子供を早く生むことです。

- 조산이 되면 아이는 인큐베이터에 들어가요.

  早産になると子供はインキュベーターに入ります。

- 인큐베이터는 보육기예요.

  インキュベーターは保育器です。

이슬이 뭐예요? 「イスル」とは何ですか。

● 이슬은 아기 낳기 하루나 이틀 전에 피가 나는 것이에요.

「イスル」とは子供が生まれる１日2日前に血が出ることです。

● 이슬은 콧물과 같은 분비물과 함께 피가 나는 것이에요.

「イスル」は鼻水のような分泌物と一緒に血が出ることです。

사산이 뭐예요? 死産とは何ですか。

● 사산은 뱃속에서 이미 죽은 태아를 낳는 것이에요.

死産はお腹の中で既に死んだ胎児を生むことです。

도움이 되는 표현 役に立つ表現

어떤 증상이 있을 때 산부인과에 가요?
どんな症状があるとき産婦人科に行きますか。

● 냉(대하)이 심하면 산부인과에 가요.

　おりもの(帯下)がひどかったら産婦人科に行きます。

● 냉(대하)이란 투명하고 노르스름한 액체 분비물이 나오는 증상이에요.

　おりもの(帯下)とは透明で黄みを帯びた液体状の分泌物が出る症状です。

● 생리가 불규칙하면 산부인과에 가요.

　生理が不規則なら産婦人科に行きます。

● 생리할 때 생리통이 심하면 산부인과에 가요.

　生理の時生理痛がひどいなら産婦人科に行きます。

● 생리통이란 생리할 때 아픈 증상이에요.

　生理痛とは生理の時痛い症状です。

● 성폭행을 당해 성기가 아프면 산부인과에 가요.

　強姦されて性器が痛かったら産婦人科に行きます。

임신을 원하는데 임신이 안 되면 산부인과에 가요.
妊娠を望むのに妊娠できなければ産婦人科に行きます。

● 임신 기간에 피가 나오면 산부인과에 가요.

　妊娠期間に血が出たら産婦人科に行きます。

● 임신 중에 분비물이 많으면 산부인과에 가요.

　妊娠中に分泌物が多量であれば産婦人科に行きます。

- 임신 중에 배가 많이 아프면 산부인과에 가요.

  妊娠中にお腹がとても痛いなら産婦人科に行きます。

- 임신 중에 정기검진을 받으러 산부인과에 가요.

  妊娠中に定期検診を受けに産婦人科に行きます。

- 임신 중에 심한 충격을 받은 일이 있으면 산부인과에 가요.

  妊娠中にひどい衝撃を受けることがあれば産婦人科に行きます。

- 임신 중에 입덧이 심하면 산부인과에 가요.

  妊娠中につわりがひどかったら産婦人科に行きます。

- 임신 중절 수술을 하려면 산부인과에 가요.

  妊娠中絶手術をするなら産婦人科に行きます。

- 불임 상담을 하려면 산부인과에 가요.

  不妊相談をするなら産婦人科に行きます。

- 불임이란 아이가 생기지 않는 경우를 말해요.

  不妊とは子供ができない場合を言います。

- 여성 생식기가 아프면 산부인과에 가요.

  女性の生殖器が痛かったら産婦人科に行きます。

산후 조리는 어떻게 해요? 産後の養生はどのようにするのですか。

- 산모가 있는 방은 따뜻하게 합니다.

  産母がいる部屋は暖かくします。

- 산모는 하루에 6번 정도 조금씩 나누어 식사를 합니다.

  産母は一日6回ほど少しずつ分けて食事をします。

● 산모는 따뜻하고 부드러운 음식을 먹습니다.

産母は温かくて柔らかい食べ物を食べます。

● 아기 낳은 날과 출산 후 1일째, 산모는 누워서 손발만 움직입니다.

子供を産んだ日と出産後1日目は産母は横になって手足だけ動かします。

● 음식은 죽, 미역국과 같은 반유동식을 먹습니다.

食べ物はわかめスープの様な半流動食を食べます。

● 출산 후 2~3일 째, 산모는 누워서 몸을 자유로이 움직입니다.

出産後2、3日目、産母は横になって体を自由に動かします。

● 출산 후 46일째 산모는 실내를 조금씩 걸어 다닙니다.

出産後46日で産母は室内を少しずつ歩きます。

● 복대를 할 수 있습니다.

腹帯をすることができます。

● 복대란 배에 감는 띠를 말합니다.

腹帯とはお腹に巻く帯を言います。

● 복대를 하면 늘어진 뱃살을 줄일 수 있습니다.

腹帯をしたらゆるんだお腹の肉を減らすことができます。

● 출산 후 10~14일째, 산모는 집 안을 조심스럽게 걸어다닙니다.

出産後10~14日目は、産母は家の中を気をつけて歩きます。

● 출산 후 14일째부터는 따뜻한 물수건으로 몸을 닦아냅니다.

出産後14日目からは温かいタオルで体を拭きます。

● 출산 후 3주 또는 20일 이후부터는 머리를 감을 수 있습니다.

出産後3週、または20日以降からは頭を洗うことができます。

● 출산 후 4주 또는 30일 이후부터는 목욕을 할 수 있습니다.

出産後4週、または30日以降からはお風呂に入ることができます。

● 출산 후 6주 또는 40일 이후부터는 성생활을 할 수 있습니다.

出産後6週、または40日以降からは性生活ができます。

● 출산 후 45일까지 충분히 휴식을 합니다.

出産後45日まで十分に休息をします。

● 출산 후 몸의 부기를 빼기 위해서는 호박으로 만든 음식을 먹습니다.

出産後体のむくみをとるためにはカボチャで作った食べ物を食べます。

● 음식은 따뜻해야 합니다. 食べ物は温かくなくてはなりません。

● 부기란 몸이 부풀어 있는 상태를 말해요.

むくみとは体が膨れている状態を言います。

● 한국에서는 산모에게 韓国では産母に

　　◇ 미역국 わかめスープ

　　◇ 호박 달인 물 かぼちゃ (エホバク)のスープ

　　◇ 홍어찜 えいの水煮

　　◇ 잉어찜 コイの水煮

　등을 줍니다. などを食べさせます。

● 변비가 심하면 산모는 便秘がひどかったら産母は

　　◇ 미역국 わかめスープ

　　◇ 호박찜 かぼちゃの水煮

◇삶은 고구마 蒸したサツマイモ

◇삶은 감자 蒸したジャガイモ

◇채소 蔬菜

◇야채 野菜

등을 먹습니다. 等を食べます。

예비 엄마가 뭐예요? 予備母(妊婦)とは何ですか。

● 예비 엄마란 앞으로 엄마가 될 여성을 말해요.

予備母(妊婦)とはこれからお母さんになる女性を言います。

● 현재 임신 중에 있는 여성을 예비 엄마라고 해요.

現在妊娠している女性を予備母(妊婦)と言います。

초음파 검사가 뭐예요? 超音波検査とは何ですか。

● 초음파 검사는 초음파를 어떤 부위에 쏘여서 브라운관으로 비추어 보는 검사예요.

超音波検査は超音波を部位に放ってモニターに映して見る検査です。

◇태아 상태를 살펴보겠습니다. 胎児の状態を見てみます。

◇양수는 적당합니다. 羊水の量は、ちょうどいいです。

◇심장이 뛰는 거 보이시지요. 心臓が動いているのが見えますか。

◇초음파 사진을 가져가시도록 프린트하겠습니다.

超音波写真を持って帰れるようにプリントします。

배란이 뭐예요? 排卵とは何ですか。

● 배란이란 성숙한 난세포가 난소에서 배출되는 일이에요.

排卵とは成熟した卵細胞が卵巣から排出されることです。

● 배란일이란 난세포가 난소에서 배출되는 날이에요.

排卵日とは卵細胞が卵巣から排出される日です。

● 배란기란 난세포가 난소에서 배출되는 시기예요.

排卵期とは卵細胞が卵巣から排出される時期です。

● 배란일은 보통 생리 예정일로부터 14일 전이에요.

排卵日とは普通、生理予定日から14日前です。

● 배란기에 성관계를 하면 임신 가능성이 높아요.

排卵期に性関係をすると妊娠の可能性が高いです。

● 생리 예정일로부터 14일 전후 3일 동안은 임신 가능성이 높아요.

生理予定日から14日前後3日間は妊娠の可能性が高いです。

유방 마사지가 뭐예요? 乳房マッサージとは何ですか。

● 유방 마사지는 산후 젖이 잘 나오도록 따뜻한 수건이나 따뜻한 손으로 가볍게 문질러 주는 거예요. 乳房マッサージは出産後お乳がちゃんと出るように温かいハンカチや温かい手で軽く揉んであげることです。

● 유방 마사지 할 때에는 두 손을 펴서 유방에 대고 위로 쓸어주듯 만져 줍니다. 乳房マッサージをするときは手を広げて乳房に当てて上からさするように触ってあげます。

예쁜이 수술이 뭐예요? 膣縮小手術とは何ですか。

● 예쁜이 수술이란 출산으로 늘어난 질 입구를 작게 만드는 수술이에요. 膣縮小手術とは出産で伸びた膣の入り口を小さくする手術です。

참고표현

환자患者

괜찮을까요? 大丈夫ですか。

의사医者

● 이상이 있습니다. 異常があります。

● 이상이 없습니다. 異常はありません。

● 괜찮습니다. 大丈夫です。

● 성관계를 피해야 합니다.
性関係は避けなければなりません。

현장 한국어 現場の韓国語

아픈 증상을 말할 때 이렇게 말해요.
痛みの症状を言うときはこう言います。

- 냉이 심해요. おりものがひどいです。
- 대하가 심해요. 帯下がひどいです。

- 임신했는데 분비물이 많아요. 妊娠したのですが分泌物が多いです。
- 분비물에서 냄새가 나요. 分泌物から臭いがします。

- 생리가 불규칙해요. 生理が不規則です。
- 생리할 때 생리통이 심해요. 生理のとき生理痛がひどいです。
- 임신을 원하는데 임신이 안 돼요.
  妊娠を望んでいるのに妊娠できません。

- 성폭행을 당했어요. 性的暴行を受けました。
- 검사해 주세요. 検査してください。
- 생식기가 많이 아파요. 生殖器がとても痛いです。

- 임신했는데 피가 안 나요. 妊娠したのですが血が出ません。
- 임신했는데 배가 많이 아파요.
  妊娠したのですがお腹がとてもいたいです。

- 입덧이 심해요. つわりがひどいです。

- 입덧을 안 해요. つわりがありません。

- 임신했는데, 교통사고를 당했어요.

  妊娠したのですが交通事故にあいました。

- 이상이 있는지 검사받으러 왔어요.

  異常があるか検査を受けに来ました。

- 불임 상담하러 왔어요. 不妊の相談に来ました。

- 낙태하러 왔어요. 堕胎しに来ました。

- 애를 떼러 왔어요 子供を堕しに来ました。

- 임신 중절 수술하러 왔어요. 中絶手術をしに来ました。

태아의 상태에 관한 표현은 다음과 같이 말해요.
胎児の状態に関する表現は次のように言います。

- 이 약을 먹으면 태아한테 해로워요.

  この薬を飲むと胎児に有害です。

- 이 약은 태아한테 괜찮아요.

  この薬は胎児にとって平気です。

- 술 한 잔 마셨는데 태아한테 이상 없을까요?

  お酒を一杯飲んだのですが胎児に異常はないでしょうか。

Q : 피임약을 먹었는데 태아한테 이상이 없을까요?
避妊薬を飲んだのですが胎児に異常は無いでしょうか。

A : 피임약은 태아한테 해롭습니다.
避妊薬は胎児に有害です。

Q : 태아가 정상인가요? 胎児は正常ですか。

A : 태아는 건강합니다. 胎児は健康です。

A : 태아가 비정상입니다. 胎児が正常ではありません。

A : 아기가 거꾸로 있어요. 제왕절개 해야 합니다.
赤ちゃんが逆子になっています。帝王切開しなければな
りません。

B : 제왕절개 하고 싶지 않아요.
帝王切開したくありません。

제왕절개 해주세요. 帝王切開してください。

정상 분만 하고 싶어요. 自然分娩したいです。

정기검진 표현은 다음과 같이 말해요.
定期検診の表現は次のように言います。

● 환자분은 매달 정기검진 받으러 오세요.
患者の方は毎月定期検診を受けに来てください。

- 정기검진은 꼭 해야 하나요?

  定期検診は必ずしなければなりませんか。

- 지난달에는 정기검진을 못 받았어요.

  先月には定期検診を受けられませんでした。

- 의사 선생님, 정기검진 받으러 왔어요.

  先生、定期検診を受けにきました。

 대화 対話

Q : 오늘 병원 가니? 今日病院に行くか。

A : 네, 오늘 정기검진 받으러 가는 날이에요.

　　はい、今日は定期検診を受けに行く日です。

초음파 검사 표현은 다음과 같이 말해요.
超音波検査の表現は次のように言います。

- 초음파 검사 하지 마세요. 超音波検診しないでください。

- 초음파 검사 받으러 왔어요. 超音波検査を受けにきました。

- 딸인지 아들인지 궁금해요. 娘か息子か気になります。

- 초음파로 우리 아기 보여주세요. 超音波で赤ちゃんを見せてください。

- 어디가 머리예요? どこが頭ですか。

- 이것은 우리 아기 초음파 사진이에요.

  これは赤ちゃんの超音波写真です。

출산 표현은 다음과 같이 말해요.
出産表現は次のように言います。

● 어제 저녁에 이슬이 비쳤어요. 昨日の夕方、破水しました。

● 양수가 터졌어요. 羊水が破れました。

● 양수가 새어 나와요. 羊水が漏れています。

● 아기 낳을 때, 옆에 있어줘요. 子供を産むとき、横にいてください。

● 아기 낳을 때 나가 있어요. 子供を生むとき出ていてください。

● 아기 낳을 때 손 잡아 줘요. 子供を産むとき手を握ってください。

● 자궁이 안 벌어져요. 子宮が開きません。

● 자궁이 벌어졌어요. 子宮が開きました。

● 골반이 작아서 밑으로 아기 낳기 어려워요.

　　骨盤が小さくて下から赤ちゃんを生むのが難しいです。

● 골반이 커서 아기 낳기 수월해요.

　　骨盤が大きくて赤ちゃんを生むのが楽です。

● 아기 머리가 보여요. 赤ちゃんの頭が見えます。

● 아기 다리가 보여요. 赤ちゃんの足が見えます。

● 진통이 심해요. 陣痛がひどいです。

● 진통이 1분 간격으로 있어요. 陣痛が1分間隔であります。

● 진통이 그쳤어요. 陣痛が止まりました。

- 숨을 크게 들이쉬세요. 息を大きく吸ってください。
- 숨을 크게 내쉬세요. 息を大きく吐いてください。

- 남편분이 산모 배를 쓰다듬어 주세요.

  旦那さんは産母のお腹をさすってください。
- 남편분이 아기 탯줄을 자르세요.

  旦那さんが赤ちゃんのへその緒を切ってください。

체질에 관한 용어 体質に関する用語

체질에 맞는 음식을 알려 주세요.

体質に合う食べ物を教えてください。

체질에 맞는 음식은 체질에 따라 다른가요?

体質に合う食べ物は体質によって違いますか。

추위/더위에 약한 편입니까? 寒さ・暑さに弱い方ですか。

● 추위에 약한 편이다. 寒さに弱い方だ。

● 더위에 약한 편이다. 暑さに弱い方だ。

● 조금만 걸어도 땀이 많이 나는 편이다.

  少し歩くだけで汗をたくさんかく方だ。

체질에는 태양인, 태음인, 소음인, 소양인의 4가지가 있어요.

体質には太陽人、太陰人、少陽人、少陰人の4種類があります。

체질에 관한 표현 体質に関する表現

● 손발이 찬 편이다. 手足が冷たい方だ。

● 식사를 급하게 한다. 早食いだ。

● 소식한다. 小食だ。

체질에 관한 용어 体質に関する用語

사상체질	四象体質	기공	気功
태양인	太陽人	체질	体質
태음인	太陰人	소식	小食
소양인	少陽人	소극적	消極的
소음인	少陰人	적극적	積極的
침	鍼	보수적	保守的
뜸	お灸	내성적	内省的
한약	漢方薬	독재적	独裁的
한의학	韓医学		

● 손발이 따뜻한 편이며 겨울에는 쉽게 건조해진다.

　手足が温かい方で冬にはすぐに乾燥する。

● 손가락이 갸름하고 찬 편이다. 手の指が細長く冷たい方だ。

● 겨울에는 악수하기가 민망할 정도로 손이 차다.

　冬には握手するのがきまり悪い程手が冷たい。

● 상체가 길고 하체가 짧다. 上半身が長く下半身が短い。

● 손발이 따뜻하나 힘이 없다. 手足が温かいが力がない。

● 조금만 걸어도 땀이 많이 나는 편이다.

　少し歩くだけで汗をたくさんかく方だ。

● 비교적 땀이 많은 편이다. 比較的汗っかきの方だ。

체질에 관한 용어 体質に関する用語

- 상체보다 하체가 발달되었고 손 힘이 약하다.

  上半身より下半身が発達していて手の力が弱い方だ。

외모에 관한 표현 外見に関する表現

- 뼈가 가늘고 날씬하다. 骨が細くほっそりしている。

- 어깨가 벌어지고 체격이 다부지다.

  肩幅が広く体格ががっちりしている。

- 몸에 비해 머리가 크다. 体に比べ頭が大きい。

- 이목구비가 크고 입술이 두텁다.

  顔立ち(耳目口鼻)が大きく(はっきりして)唇が厚い。

- 얼굴이 갸름하고 계란형이며 이목구비가 작다.

  顔がやや細く玉子型で、顔立ちが小さい(こじんまりとしている)。

- 얼굴이 다소 길고 입이 크지 않다.

  顔が少し長く口が大きくない。

- 턱이 뾰족한 편이다. 顎(あご)がとがっている方だ。

- 이마가 넓고 광대뼈가 나와 있다. 額が広く頬骨が出ている。

- 눈빛이 강한 편이다. 目つきが鋭い方だ。

- 피부가 비교적 두껍고 몸 지방이 많은 편이다.

  皮膚が比較的厚く体の脂肪が多い方だ。

체질에 관한 용어 体質に関する用語

- 얼굴의 혈색이 없어 보인다. 顔の血色が悪く見える方だ。

- 얼굴색이 가무잡잡하고 붉은빛이 돈다.

  顔色が浅黒い赤みを帯びている。

- 얼굴색이 흰 편이며 살이 얇다. 顔色が白い方で肉が薄い。

행동에 관한 표현 行動に関する表現

- 남과 시선을 마주치기를 꺼려한다.

  他人と視線を合わせるのをはばかる。

- 걸음이 느리고 무게 있게 걷는다.

  足取りが遅く重い足取りで歩く。

- 걸음걸이가 빠르고 몸을 좌우로 흔드는 편이다.

  足取りが速く体を左右に揺する方だ。

- 걸음걸이가 꼿꼿하다. 足取りがまっすぐだ。

성격에 관한 표현 性格に関する表現

- 보수적이고 변화를 싫어하며 몸을 움직이기를 싫어한다.

  保守的で変化を嫌い体を動かすのを嫌う。

- 내성적이어서 자기 의견을 잘 표현하지 않는다.

  内省的で自分の意見をあまり表現しない。

체질에 관한 용어 体質に関する用語

- 매사에 활동적이고 진취적이다. 万事に活動的で進取的だ。

- 적극적이며 과단성이 있다. 積極的で決断力がある。

- 외부 일보다 집안일을 중시한다.

  外でのことより家の中でのことを重視する。

- 가급적 외부활동을 피한다. なるべく外部活動を避ける。

- 예술과 문학 등 서정적인 면이 많고, 예민한 편이다.

  芸術と文学等抒情的な面が多く鋭敏な方だ。

- 봉사정신이나 정의감이 많다. 奉仕の精神や正義感に富む。

- 적극적이고 솔직담백한 성격이다.

  積極的で率直で淡白な性格だ。

- 카리스마나 독재적인 기질을 가지고 있다.

  カリスマや独裁的な気質を持っている。

- 과묵하며 남의 얘기를 끝까지 잘 듣는 편이다.

  寡黙で他人の話を最後までよく聞く方だ。

- 다른 사람이 자신에게 고민거리를 잘 말한다.

  他の人が自分に悩みの種をよく話す。

- 소심한 면이 많으며 섬세하다. 小心な面が多いが繊細だ。

- 남의 말에 민감한 편이다. 他人の話に敏感な方だ。

- 경솔한 편이며 성격이 급하다. 軽率なほうで性格がせっかちだ。

체질에 관한 용어 体質に関する用語

- 순간 판단력이 빠르다. 瞬間の判断力が速い。

- 행동에 거침이 없고 냉정한 편이다.

  行動によどみがなく冷静な方だ。

- 매사에 신중하여 믿음직하다. 万事に慎重で頼もしい。

- 성격이 부드럽고 침착하다. 性格が穏やかで落着いている。

- 생각을 많이 하고 빈틈이 없다.

  考えがしっかりしていてすきがない。

- 판단력이 빠르고 순발력과 창의력이 뛰어나다.

  判断が速く瞬発力と創意力が優れている。

- 남과 잘 사귀는 편이다. 他人との付き合いが良い方だ。

- 꾸준한 노력과 인내심이 많다. 努力と忍耐力が十分だ。

- 자신에게 이익이 되는 일은 적극적이나, 불이익이라고 생각

  되면 하지 않는다.

  自分に利益になることは積極的にするが不利益と思えばしない。

- 아이디어가 많아서 새롭게 잘 만드나 곧 싫증을 잘 느낀다.

  アイデアが豊富であり、よく新しいものを作ったりするがすぐに嫌

  気を感じる。

- 생각한 일은 어떻게 해서라도 성취하고야 만다.

  思っていることはどのようにしてでも成就させてしまう。

알아두면 유용한 표현
知ると有益な表現

체질에 관한 용어 体質に関する用語

● 예의바르고 점잖게 처신한다. 礼儀正しく品よく振舞う。

● 불필요하게 일을 벌이지 않는다. 不必要に事を開けない。

● 이기적인 면이 많다. 利己的な面が多い、。

● 소심함 때문에 여러 사람 앞에서 욕심을 드러내지 못한다.

　小心なため人の前で欲を出すことが出来ない。

● 단기간에 계획된 일은 잘하나 꾸준하고 장기적인 일은 아주

　약하다. 短期間に計画した事はうまくやるが、粘り強く長期的な

　事にとても弱い。

● 아집이 매우 강하다. 我執がとても強い。(頑固だ)

● 점잖은 편이다. 物静かな方だ。

● 의심이 많고 욕심이 많으나 내색을 잘 하지 않는다.

　疑い深く、欲深くてもそんな素振りは滅多に見せない。

● 생각을 많이 하는 편으로 추진력이 약하다.

　良く熟慮する方で、物事を進めるのが遅い。

● 바깥 일이나 남의 일을 더 좋아해서, 자신의 일을 소홀히 하

　는 경향이 있다.

　外の事や他人の事の方が好きで、自分の事は疎かにする傾向がある。

● 자신의 잘못을 후회하지 않는다.

　自分の間違いを後悔しない。

체질에 관한 용어 体質に関する用語

● 자신의 생각을 잘 내색하지 않는다.

自分の考えをあまり見せない。

● 섬세한 편이고 조그만 일에도 예민하다.

繊細な面が多く少しの事にも敏感だ。

● 상대방의 입장을 먼저 생각한다. 相手の立場を先に考える。

● 쉽게 일을 결정해 후회할 때가 많다.

簡単に事を決定してしまって後悔する時が多い。

● 후회할 때가 많지만 금방 잊어버린다.

後悔する時が多いがすぐに忘れてしまう。

● 일이 마음먹은 대로 안 되면 남에게 화를 낸다.

事が思ったようにいかないと他人に腹を立てる。

● 듬직하며 말수가 적다. 落着いていて口数が少ない。

● 간혹 말을 더듬기도 한다. 時々口ごもる。

● 말이 많지 않으나 친한 사이에는 말을 많이 하는 편이다.

口数が多くないが親しい間ではよく話す方だ。

● 말이 많은 편이며, 남의 비밀을 얘기해 버리는 경향이 많다.

口数が多い方であり他人の秘密を話してしまう傾向がある。

● 누구한테건 거리낌없이 과격한 말을 한다.

誰に対しても遠慮なしに過激な話し方をする。

체질에 관한 용어 体質に関する用語

● 게으른 편이지만 승부에는 강하다.

怠けものの方だが勝負には強い。

● 질투심이 많다.

嫉妬心が強い。

● 한번 감정이 상하면 오래가며, 마음의 상처를 쉽게 잊지 못한다.

一度感情が傷つくと長く、心の傷を簡単に忘れることができない。

● 조그만 일은 무시해버린다.

小さいことは無視してしまう。

● 세심하고 치밀한 면이 부족하다.

細心で緻密な面が不足している。

한국 음식에 관한 용어 韓国たべものに関する用語

한국요리 韓国料理

한식 韓食(ハンシク)
한정식 韓定食
비빔밥 ビビンパ
전주비빔밥 全州ビビンパ
돌솥비빔밥 石焼ビビンパ
삼계탕 参鶏湯(サムゲタン)
냉면 冷麺
평양냉면 平壤冷麺
떡볶이 トッポッキ
갈비 カルビ
부침개/전 チヂミ(プッチムゲまたはジョン)
불고기 焼肉
된장찌개 味噌チゲ
김치찌개 キムチチゲ
잡채 チャプチェ
신선로 神仙炉(宮廷料理)
육개장 ユッケジャン
낙지볶음 ナッチポックム(タコの炒め物)
김밥 キムパプ(韓国式のり巻き)
국수 素麺
카레 カレー
우동 うどん
모밀국수 そば

반찬 パンチャン(おかず)

조미료 調味料

간장 醤油
식초 酢
참기름 ごま油
고추장 コチュジャン
참깨 胡麻
소금 塩
후추 胡椒
설탕 砂糖
꿀 蜂蜜
버터 バター

야채류 野菜類

도라지 桔梗(トラジ)
당근 人参
연근 蓮根(レンコン)
버섯 きのこ
배추 白菜
오이 胡瓜
상추 サンチュ(朝鮮レタス)
파 葱(ねぎ)
양파 玉ねぎ

마늘 にんにく
시금치 ほうれんそう

과일 果物

잣 朝鮮松の実
밤 栗
호두 胡桃
은행 銀杏
사과 りんご
배 梨
귤 みかん
토마토 トマト
복숭아 桃
수박 西瓜
딸기 苺
바나나 バナナ
파인애플 パイナップル
포도 葡萄
감 柿

곡식류 米類

콩 豆
찹쌀 もち米
보리 麦
쌀 米

팥 あずき
고구마 さつまいも
감자 じゃがいも

식음류 飲料水

우유 牛乳
생맥주 生ビール
커피 コーヒー
녹차 お茶
홍차 紅茶(こうちゃ)
인삼차 高麗人参茶
유자차 柚子茶

생선류 魚類

장어 鰻(うなぎ)
명태 スケトウダラ
조기 いしもち
새우 海老
조개류 貝類
굴 牡蠣
전복 鮑(あわび)
오징어 いか
게 蟹
해삼 海鼠(なまこ)

고기류 肉類

닭고기 鶏肉

개고기 犬の肉

소고기 牛肉

돼지고기 豚肉

기타 その他

담배 タバコ

빙과류 氷菓類

인삼 人参

땅콩 ピーナッツ

밀가루음식 小麦料理

맵고 짠 음식 辛くしょっぱい料理

따뜻한 음식 温かい料理

지방질이 많은 음식 脂肪質が多い料理

활용의 예 活用例

뜨거운 음식을 좋아함. 温かい料理が好き。

비린 생선을 싫어함. 生臭い魚は嫌い。

찬 음식, 채소, 생선을 좋아함. 冷たい料理、野菜、魚が好き。

시원한 음식을 좋아함. あっさりした料理が好き。

육식을 싫어함. 肉料理は嫌い。

핵심어 キーワード 1

성형	形成 (美容)	지방제거술	脂肪除去術
기형	奇形	필러(filler)	フィラー
외모	外見	콜라겐(collagen)	コラーゲン
이식	移植	히알루론산(hyaluronic acid)	ヒアルロン酸
흡입	吸入	안티에이징(antiaging)	アンチエイジング
개선	改善	다크서클(dark circle)	目のくま
교정	矯正	보톡스(Botox)	ボトックス
장애	障害		
쌍꺼풀	二重まぶた		
이마	おでこ		
광대뼈	頬骨(ほおぼね)		
매몰법	埋沒法		
절개법	切開法		
앞트임	目頭切開		

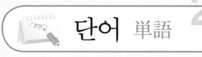

단어 単語

성형외과가 뭐예요? 形成外科ってなんですか。

- 성형외과는 기능 장애를 회복시키기 위해 치료하는 병원이에요.

  形成外科は機能障害を回復させるために治療する病院です。

- 성형외과는 외모를 개선하기 위해 치료하는 병원이에요.

  形成外科は外見を改善するために治療する病院です。

- 성형외과는 상처를 교정하기 위해 치료하는 병원이에요.

  形成外科は傷口を治すために治療する病院です。

- 성형이란 신체 조직을 새로운 모양으로 만드는 것을 말해요.

  形成外科とは身体の組織を新しい形に作ることを言います。

신체 조직이란 身体組織とは	
뼈 骨	연골 軟骨
지방 脂肪	피부 皮膚
근육 筋肉	

등을 말해요. などを言います。

08 성형외과

어떤 경우에 성형외과에 가요?
どんな場合形成外科へ行きますか。

- 비뚤어진 코를 바로 잡으려면 성형외과에 가요.

  曲がった鼻をすぐに(まっすぐに)直したければ形成外科へ行きます。

- 낮은 코를 높이거나 높은 코를 낮추려면 성형외과에 가요.

  低い鼻を高くしたり高い鼻を低くするなら形成外科へ行きます。

- 이상한 모양의 귀를 바로 잡으려면 성형외과에 가요.

  異常な形の耳をすぐ直すなら形成外科へ行きます。

- 얼굴이나 목의 주름살을 없애고 싶으면 성형외과에 가요.

  顔や首のシワをなくしたければ形成外科へ行きます。

- 몸의 지방을 없애고 싶으면 성형외과에 가요.

  体の脂肪をなくしたければ形成外科へ行きます。

- 기형의 몸을 바로 잡으려면 성형외과에 가요.

  奇形の体をすぐに直すなら形成外科へ行きます。

- 화상의 흉터를 없애려면 성형외과에 가요.

  やけどの傷跡をなくすなら形成外科へ行きます。

- 잘려진 손가락, 발가락 등 몸을 붙이려면 성형외과에 가요.

切断された手の指、足の指などをくっつけるなら形成外科へ行きます。

● 유방을 크게 하거나 작게 하려면 성형외과에 가요.

乳房を大きくしたり小さくするなら形成外科へ行きます。

● 대머리 때문에 모발 이식을 하려면 성형외과에 가요.

はげ頭のため毛髪を移植するなら形成外科へ行きます。

● 대머리란 머리카락이 없는 것을 말해요.

はげ頭とは髪の毛がないことを言います。

● 모발 이식이란 머리를 두피에 심는 것을 말해요.

毛髪移植とは髪を頭皮へ植えることを言います。

● 쌍꺼풀 수술을 받으려면 성형외과에 가요.

二重まぶたの手術を受けるなら形成外科へ行きます。

● 보톡스를 맞고 싶어요 ボトックスを注射したいです。

● 보톡스를 맞으려면 성형외과에 가요. ポドックス(注射)(シワ取り美容形成の一種)を打つなら形成外科へ行きます。

● 보톡스는 주름을 펴는 주사에요.

ポドックスはシワを伸ばす注射です。

● 광대뼈를 없애려면 성형외과에 가요.

頬骨をなくすなら形成外科へ行きます。

● 턱 모양을 바꾸려면 성형외과에 가요.

顎の形を変えるなら形成外科へ行きます。

● 얼굴에 지방이식으로 살을 붙이려면 성형외과에 가요.

顔に脂肪移植により肉を付けるなら形成外科へ行きます。

기형이 뭐예요? 奇形って何ですか。

● 기형은 신체의 생김새나 기능이 정상과 다른 모습을 말해요. 奇形は身体の格好や機能が正常と違う姿を言います。

● 기형에는 유전적 기형과 후천적 기형이 있어요.

奇形には遺伝的奇形と後天的奇形があります。

외모가 뭐예요? 外見って何ですか。

● 외모란 겉으로 드러나 보이는 모양을 말해요.

外見とは外面に表れて見える形を言います。

이식이 뭐예요? 移植って何ですか。

- 이식이란 '옮겨 심는다' 는 뜻이에요.

  移植とは「移して植える」の意味です。

- '장기 이식' 이란 살아있는 장기를 떼어내어 다른 곳에 옮겨 붙이는 일이에요. 「臓器移植」とは生きている臓器を取り出して他の場所に移してくっつけることです。

- '피부 이식' 이란 피부를 떼어내어 다른 곳에 옮겨 붙이는 일이에요. 「皮膚移植」とは皮膚を取り出して他の場所へ移してくっつけることです。

- '심장 이식' 이란 살아있는 심장을 떼어내어 다른 사람의 심장에 옮겨 붙이는 일이에요.

  「心臓移植」とは生きている心臓を取り出して他の人の心臓に移してくっつけることです。

- '신장 이식' (콩팥이식) 이란 어떤 사람의 신장을 떼어내어 다른 사람의 신장에 옮겨 붙이는 일이에요. 「腎臓移植」とはある人の腎臓を取り出して他の人の腎臓に移してくっつけることです。

'흡입'이 뭐예요? 「吸入」って何ですか。

- '흡입'이란 기체나 액체를 빨아들이는 것이에요.
  「吸入」とは気体や液体を吸い込むことです。

- '기체'란 수증기처럼 일정한 모양도 없고 부피도 없는 물질이에요.「気体」とは水蒸気のような一定の形もなく容積もない物質です。

- '액체'란 물처럼 부피는 있지만 모양이 쉽게 바뀔 수 있는 물질이에요.「液体」とは水のように容積はあるが形が簡単に変えられる物質です。

'지방 흡입'이 뭐예요? 「脂肪吸引」って何ですか。

- '지방 흡입'은 몸의 지방을 빼내는 일이에요.
  「脂肪吸引」は体の脂肪を抜き取ることです。

- '지방 흡입술'은 몸의 지방을 빼내는 수술을 말해요.
  「脂肪吸引術」は体の脂肪を抜き取る手術を言います。

'지방 제거' 가 뭐예요? 「脂肪除去」って何ですか。

● '지방 제거' 는 지방을 없애는 것이에요.

　「脂肪除去」は脂肪をなくすことです。

'개선' 이 뭐예요? 「改善」って何ですか。

● '개선' 은 잘못된 것을 고쳐 옳은 것으로 만드는 일이에요.

　「改善」は間違ってされているものを直し正しいものにすること

　です。

● '개선' 은 나쁜 것을 고쳐 좋은 것으로 만드는 일이에요.

　「改善」は悪いものを直し良いものにすることです。

● '개선' 은 미운 것을 고쳐 예쁜 것으로 만드는 일이에요.

　「改善」は醜いものを直し美しいものにすることです。

● '개선' 은 불완전한 것을 고쳐 완전한 것으로 만드는 일

이에요.

　「改善」は不完全なものを直し完全なものにすることです。

● '개선' 은 부족한 것을 고쳐 충분한 것으로 만드는 일이

에요. 「改善」は不足しているものを直し十分なものにするこ

とです。

'교정'이 뭐예요? 「矯正」って何ですか。

- '교정'이란 바르게 고치는 일이에요.

  「矯正」とは正しく直すことです。

- '치아 교정'이란 비뚤어진 이를 똑바르게 만드는 일이에요. 「歯矯正」とは曲がった歯をまっすぐにすることです。

'장애'가 뭐예요? 「障害」って何ですか。

- '장애'란 신체적으로 또는 정신적으로 병이 있는 상태를 말해요. 「障害」とは身体的にあるいは精神的に病がある状態を言います。

- '신체 장애'란 몸이 정상 상태가 아닌 경우를 말해요.

  「身体障害」とは体が正常な状態でない場合を言います。

- '정신 장애'란 정신적으로 정상 상태가 아닌 경우를 말해요.

  「精神障害」とは精神的に正常な状態でない場合を言います。

'눈썹 문신' 이 뭐예요? 「眉毛の入れ墨」って何ですか。

● '눈썹 문신' 이란 눈썹 화장을 한 것처럼 눈썹을 원하는 모양으로 만들어 주 는 거예요.

「眉毛の入れ墨」とは眉毛の化粧をするように眉毛を望みの形にしてもらうことです。

'언청이' 가 뭐예요? 「兎唇（としん）」って何ですか。

● '언청이' 란 선천적으로 윗입술이 세로로 찢어진 경우를 말해요.

「兎唇」とは先天的に上唇が縦に裂けている場合を言います。

필러가 뭐예요? フィラーって何ですか。

● 필러는 주름이나 흉터 등에 주사하는 물질로, 콜라겐, 지방, 히알루론산 등이 있어요.

フィラーは、しわや傷跡などに注射する物で、コラーゲン、脂肪、ヒアルロン酸などがあります。

시술 시간은 얼마나 걸리나요?
治療時間はどれくらいかかりますか。

- 대개 20분 정도로 끝나는 간단한 시술이에요.

  大抵20分程度で終わる簡単な治療です。

- 시술 부위에 마취 연고를 바르고, 양을 조절하면서 필러를 주입한 뒤 모양을 잡습니다.

  治療部位に麻酔軟膏塗って、量を調節しながらフィラーを注入し、形を整えます。

필러 효과는 영구적인가요?
フィラーの効果は永久的なものですか。

 ## 도움이 되는 표현 役に立つ表現

어느 성형외과가 잘해요? どの形成外科がいいですか。

● 성형외과 잘하는 곳 아세요? 形成外科のいいところ知ってますか。

● 좋은 성형외과 소개해 주세요. いい形成外科を紹介してください。

'정형외과'가 뭐예요? 整形外科って何ですか。

● '정형외과'는 신체의 기능 장애를 치료하는 병원이에요.

「整形外科」は身体の機能障害を治療する病院です。

● '정형외과'는 주로 선천성 기형을 치료하는 병원이에요.

「整形外科」は主に先天性奇形を治療する病院です。

'성형외과'와 '정형외과'의 차이가 뭐예요?
「形成外科」と「整形外科」の差異は何ですか。

● '성형외과'는 얼굴 부위의 비정상적인 모양새를 고치는 곳이에요.

「形成外科」は顔の部位の非正常的な部分を直すところです。

● '정형외과'는 뼈와 근육의 비정상적인 부분을 고치는 곳이에요.

「整形外科」は骨と筋肉の非正常的な部分を直すところです。

현장 한국어 現場の韓国語

성형외과 가서 이렇게 말하세요.
形成外科へ行ってこう言って下さい。

- 코가 비뚤어졌어요. 鼻が曲がりました。
- 코를 바로 잡아 주세요. 鼻をまっすぐにして下さい。

- 코가 낮아요. 鼻が低いんです。
- 코를 높여 주세요. 鼻を高くして下さい。
- 콧대를 세워 주세요. 鼻柱を立てて下さい。

- 귀 모양이 이상해요. 耳の形が変なんです。
- 귀를 예쁘게 고쳐 주세요. 耳をきれいに直して下さい。

- 뱃살을 빼고 싶어요. お腹の肉を取り除きたいです。
- 지방 흡입 해주세요. 脂肪吸引して下さい。

- 손가락이 기형이에요. 手の指が奇形なんです。
- 수술해 주세요. 手術して下さい。

- 화상 때문에 흉터가 있어요. やけどのため、傷跡があります。

- 흉터를 없애 주세요. 傷跡をなくして下さい。

- 손가락이 잘렸어요. 手の指を切断しました。

- 손가락을 붙여 주세요. 手の指をくっつけて下さい。

- 유방을 크게 만들어 주세요. 乳房を大きくして下さい。

- 저는 대머리예요. 私ははげ頭です。

- 모발 이식 해주세요. 毛髪移植して下さい。

- 눈꺼풀이 자꾸 쳐져요. まぶたが下がってきます。

- 눈꼬리가 쳐져서 졸린 듯해 보여요. 垂れ目で眠そうに見えます。

- 눈 밑에 지방이 쌓여서 나이 들어 보여요.

  目の下に脂肪が溜まって、老けて見えます。

- 쌍꺼풀 수술 해주세요. 二重まぶた手術して下さい。

- 얼굴 주름을 없애고 싶어요. 顔のシワを無くしたいです。

- 보톡스를 맞으러 왔어요. ポドックス(注射)打ちに来ました。

- 광대뼈가 많이 나왔어요. 頬骨がとても出てきました。

- 광대뼈를 낮게 만들어 주세요. 頬骨を低くして下さい。

- 제 아들이 사각턱이에요. 私の息子は顎が四角いです。

- 턱을 둥글게 만들어 주세요. 顎を丸くして下さい。

- 얼굴에 살이 없어요. 顔に肉がないです。

- 지방이식으로 살을 붙이고 싶어요.

  脂肪移植で肉を付けたいです。

핵심어 キーワード 1

응급실	応急室
응급 입원실	応急入院室
응급 처치	応急処置
응급 치료	応急治療
환자	患者
의사 선생님	お医者(先生)さん
간호사	看護師
입원	入院
퇴원	退院
양식(form)	様式
진단서	診断書
동의서	同意書
국민건강보험	国民健康保険
수혈	輸血

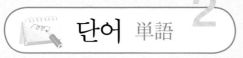
'응급실'이 뭐예요? '応急室'は何ですか。

- '응급실'이란 병원에서 환자의 응급 처치를 할 수 있는 설비를 갖추어 놓은 곳이에요. '応急室'というのは病院で患者の応急治療を行える設備をすべて取り揃えておく所です。

◇ '응급'이란 급한 상황에 대처하는 것이에요.
 '応急'というのは差し迫る状況に対処することです。

◇ '처치'란 어떤 사건에 대하여 알맞은 조치를 취하는 것이에요. '処置'というのはある事件に対して程よく処置を取ることです。

◇ '조치'란 어떤 문제를 잘 살펴서 필요한 대책을 세우는 것이에요. '措置'というのは問題をよく調べて必要な対策を立てることです。

◇ '대책'이란 어떤 문제를 해결하는 수단이에요.
 '対策'というのは問題を解決する手段です。

◇ '수단'이란 어떤 목적을 이루기 위한 방법이에요.
 '手段'というのは目的を果たす為の方法です。

◇ '설비'란 필요한 것을 준비해 놓은 것이에요.
 '設備'というのは必要なものを準備しておくことです。

'응급 입원실'이 뭐예요? '応急室'とは何ですか。

- '응급 입원실' 이란 환자가 급하게 병원에 들어가서 머무는 방이에요. '応急入院室' というのは患者が急いで病院に入って泊まる部屋です。

- '입원' 이란 환자가 일정한 기간 동안 병원에 들어가 머무는 일이에요. '入院' というのは患者が一定期間の間、病院に入り泊まることです。

'환자'가 뭐예요? '患者'とは何ですか。

- '환자' 란 병들거나 다쳐서 치료를 받아야 할 사람을 말해요. '患者' というのは病院に掛かったり怪我をして治療を受ける人を言います。

'응급 처치'가 뭐예요? '応急処置'とは何ですか。

- '응급 처치' 란 '응급 치료' 라고도 해요.
'応急処置' というのは '応急治療' とも言います。

- '응급 처치' 란 갑작스런 상처에 대하여 위험한 고비를 넘기기 위하여 임시로 하는 치료예요.

'応急処置'というのは急なけがと危険な病状に対して臨時で行う治療です。

- **'고비' 란 막다른 단계를 말해요.**
  '瀬戸際'というのは行き詰る段階を言います。

- **'위험한 고비' 란 위험으로 인해 죽기 직전의 막다른 상황을 말해요.** '死ぬ瀬戸際'というのは危険によって死ぬ直前の段階状況を言います。

'경기'가 뭐예요? 'キョンキ（驚き）'は何ですか。

- **'경기' 는 갑작스럽게 깜짝깜짝 놀라는 증상이에요.**
  'キョンキ（驚き）'は急にびっくり驚く症状です。

- **'경기를 일으키다' 는 말은 깜짝 놀라는 증상이에요.**
  'キョンキ（驚き）を引き起こす'という言葉はびっくり驚く症状です。

- **'경기' 는 [경끼]라고 발음해요.**
  'キョンキ（驚き）'は[キョンキ]と発音します。

'경련' 이 뭐예요? '痙攣'とは何ですか。

- '경련' 은 몸의 근육이 급격하게 수축과 이완을 반복하는 증상이에요. '痙攣'は体の筋肉が急激に収縮と弛緩を反復する症状です。

- '수축' 은 몸이 오그라드는 모양을 말해요.
  '収縮'は体が縮まる様子です。

- '오그라들다' 는 몸의 부피가 작아지는 모양을 말해요.
  '縮まる'は体の体積が小さくなる様子を言います。

- '이완' 은 몸이 펴지는 모양을 말해요.
  '弛緩'は体が広がる様子です。

- '펴지다' 는 몸의 부피가 커지는 모양을 말해요.
  '広がる'は体の体積が大きくなる様子です。

- '경련을 일으키다' 는 말은 몸을 떠는 증상을 말해요.
  '痙攣を引き起こす'という言葉は体を震わす症状を言います。

'오한' 이 뭐예요? '悪寒'とは何ですか。

- '오한' 은 몸이 춥고 떨리는 증상이에요.
  '悪寒'は体が冷え震える症状です。

- '오한이 난다' 고 말해요. '悪寒が出る'と言います。

'오심'이 뭐예요? ‘悪心・むかつき・吐き気’とは何ですか。

- '오심'은 구역질이 나지만 토하지는 않고 신물만 올라 오는 증상이에요. ‘悪心・むかつき・吐き気’は嘔吐が出る が吐き出さず胃液だけ上がってくる症状です。

- '오심'은 뱃멀미를 하거나 차멀미가 나서 속이 울렁거 리는 증세를 말해요. ‘悪心・むかつき・吐き気’は船酔いを したり車酔いして腹の具合がむかむかする症状を言います。

- '뱃멀미'란 배를 타고 있을 때 속이 울렁거리거나 토 하는 것을 말해요. ‘船酔い’というのは船に乗っている時、 腹の具合がむかむかしたり吐くことを言います。

- '차멀미'란 자동차, 버스, 트럭 등을 타고 있을 때 속이 울렁거리거나 토하는 것을 말해요. ‘車酔い’というのは 自動車、バス、トラックなどを乗っている時、腹の具合がむか むかしたり吐くことを言います。

'신물'이 뭐예요? ‘胃液’(シンムル)とは何ですか。

- '신물'은 음식에 체했을 때 목으로 넘어오는 시큼한 물이에요.
  ‘胃液’は食べ物で食もたれする時、喉から吐きそうになる

とても酸っぱい水です・

- '신물이 넘어 온다' 고 말해요.

  'げろを吐きだしそうだ'と言います。

- '신물이 올라 온다' 고 말해요.

  'げろが下から上に上がってくる'と言います。

- '신물이 난다' 라고 하면 하기 싫은 일을 오래해서 이제
  는 하기 싫다는 뜻이에요.

  'げろが出る'と言うと、したくない仕事を長くして、もうや
  りたくないという気持ちです。

'출혈'이 뭐예요? '出血'とは何ですか。

- '출혈'은 피가 혈관 밖으로 나오는 것을 말해요.

  '出血'は血が血管の外に出ることを言います。

- '출혈 과다' 란 피가 많이 난 상태를 말해요.

  '出血過多'というのは血がたくさん出る状態を言います。

'지혈'이 뭐예요? 止血'は何ですか。

- '지혈' 이란 나오던 피가 멈추는 것을 말해요.

  '止血'というのは出血を止めることを言います。

- '빈혈' 이란 현기증이 일어나는 증세를 말해요.

  '貧血'というのは目まいが起きる症状を言います。

- '현기증' 이란 어지럼증을 말해요.

  '目まい症'というのは目まい症を言います。

'통증' 이 뭐예요? '痛み'は何ですか。

- '통증' 이란 심하게 아픈 증세예요.

  '痛み'というのはひどく痛む症状です。

'토사곽란' [토사광난]이 뭐예요?

'吐瀉霍乱(トサクァンラン)'は何ですか。

- '토사곽란' 이란 입으로는 토하고 아래로는 설사하면
  서 배가 아픈 병이에요. '吐瀉霍乱'というのは口では吐い
  たり下では下痢をしたりでお腹の具合が悪い病気です。

도움이 되는 표현 役に立つ表現 ③

어떤 증상이 있을 때 '응급실'에 가요?
どんな症状がある時、応急室に行きますか。

● 열이 39℃가 넘으면 응급실에 가요.

　熱が39℃を超えたら応急室に行きます。

● 갑자기 눈에 초점이 없으면 응급실에 가요.

　突然目に焦点がなくなったら応急室に行きます。

● 갑자기 숨을 못 쉬면 응급실에 가요.

　突然息ができなくなったら応急室に行きます。

● 갑자기 몸이 뻣뻣하게 굳으면 응급실에 가요.

　突然体が硬直してこわばるので応急室に行きます。

● 갑자기 온 몸을 쭉 뻗고 바들바들 떨면 응급실에 가요.

　突然全体をぐいぐい伸ばして、ぶるぶる震えるので応急室に行きます。

● 경기[경끼]가 심하면 응급실에 가요.

　キョンキがひどいので応急室に行きます。

● 심하게 경련을 일으키면 응급실에 가요.

　ひどく痙攣を引き起こすので応急室に行きます。

● 출혈이 심하면 응급실에 가요.

　出血がひどいので応急室に行きます。

● 지혈이 안 되면 응급실에 가요.

　止血が上手くいかないので応急室に行きます。

- 갑자기 빈혈이 일어나면 응급실에 가요.

  突然貧血が起きたら応急室に行きます。

- 갑자기 가슴 통증을 호소하면 응급실에 가요.

  突然胸の痛みを訴えたら応急室に行きます。

- 야간에 출산 증세가 있으면 응급실에 가요.

  夜間に出産症状があったら応急室に行きます。

- 교통사고로 심하게 다친 사람이 있으면 응급실에 데려다 줘요.

  交通事故でひどく怪我した人がいたら応急室に連れて行ってください。

- 목에 가시가 걸리면 응급실에 가요.

  喉にとげが引っ掛かるので応急室に行きます。

- 몸에 갑자기 이물질이 들어갔는데, 빼기 어려우면 응급실에 가요.

  体に突然異物が入って、取り切れなかったら応急室に行きます。

열이 39℃ 이상이 되면 어떻게 응급처치 해요?
熱が39℃以上になったらどのような応急処置をしますか。

- 열이 높으면 해열제를 먹여요. 熱が高いなら解熱剤を飲ませます。
- 옷을 벗기고 시원하게 해요. 衣服を脱がせて涼しくします。
- 따뜻한 물(35~37℃)을 수건에 적셔 몸을 닦아요.

  温かい水を手拭いに濡らして体を拭きます。

- 물수건으로 쉬지 않고 몸을 닦아요.

  濡れた手拭いで休まず体を拭きます。

- 몸을 여러 번 닦은 후 얇은 옷을 입혀요.

  体を何回も拭いた後、薄手の衣服を着せます。

- 물을 마시게 해요. 水を飲ませます。

- 몸을 떨면 물수건을 사용하지 않아요.

  体が震えるなら濡れ手拭いを使用しません。

- 몸을 떨면 꼭 안아줘요. 体が震えるなら強く抱きしめてください。

- 전화 119로 도움을 청해요. 電話119番へ助けを呼びます。

'눈에 초점이 없다' 는 말이 뭐예요?
'目の焦点が会わない' とは何ですか。

- '눈에 초점이 없다' 는 말은 정신을 잃었다는 뜻이에요.

  '目の焦点が会わない' というのは気を失ったという意味です。

'몸이 뻣뻣하게 굳었다' 는 말이 뭐예요?
'体がかちかちにこわばる' とは何ですか。

- '몸이 뻣뻣하게 굳었다' 는 말은 몸이 경직되었다는 뜻이에요.

  '体がかちかちにこわばる' とは体が硬直するという意味です。

현장 한국어 現場の韓国語 4

응급실에서는 이렇게 말하세요.
応急室ではこのように言ってください。

- 열이 39℃가 넘어서 왔어요. 熱が39℃を超えたので来ました。
- 열이 나고 눈에 초점이 없어요. 熱が出て目がぼんやりしています。

- 갑자기 숨을 안 쉬어요. 突然息をしてません。
- 갑자기 몸이 뻣뻣하게 굳었어요.

  突然体がこちこちにこわばりました。
- 갑자기 온몸을 쭉 뻗고 바들바들 떨었어요.

  突然全体を強く伸ばしてぶるぶる震えました。
- 경기[경끼]가 심해요. 驚きがひどいです。
- 심하게 경련을 일으키면서 쓰러졌어요.

  ひどい痙攣を引き起こして倒れました。

- 출혈이 심해요. 出血がひどいです。
- 지혈이 안 돼요. 止血ができません。
- 빈혈을 일으켰어요. 貧血を引き起こしました。
- 갑자기 가슴 통증을 호소하더니 쓰러졌어요.

  突然胸痛を訴えたが倒れました。

- 갑자기 출산 기미가 보였어요. 突然出産の傾向が見えました。
- 교통사고가 났어요. 交通事故が起こりました。
- 목에 가시가 걸렸어요. 喉にとげが引っ掛かりました。
- 동전을 삼켰어요. 銅貨(小銭)を飲み込みました。

'다리가 부러졌을 때' 어떻게 말해요?
足が折れた時'どのように言いますか。

- 오른쪽 다리가 부러졌어요. 右足が折れました。
- 왼쪽 다리가 부러졌어요. 左足が折れました。

'팔이 빠졌을 때' 어떻게 말해요?
'腕が外れた時'どのように言いますか。

- 오른쪽 팔이 빠졌어요. 右腕が外れました。
- 왼쪽 팔이 빠졌어요. 左腕が外れました。

'갈비뼈가 부러졌을 때' 어떻게 말해요?
'肋骨が折れた時'どのように言いますか。

- 오른쪽 갈비뼈가 부러졌어요. 右の肋骨が折れました。
- 왼쪽 갈비뼈가 부러졌어요. 左の肋骨が折れました。

몸속에 이물질이 들어갔을 때 어떻게 말해요?
体の中に異物が入った時どのように言いますか。

● '이물질' 이란 정상적이 아닌 다른 물질을 말해요.

　'異物'は飲食物以外のものを言います。

● 100원짜리 동전을 삼켰어요.

　100ウォンのコインを飲み込みました。

● 바늘을 삼켰어요. 針を飲み込みました。

● 바늘에 찔렸어요. はりが刺さりました。

● 발바닥에 못이 박혔어요. 足の裏に針が突き刺さりました。

● 손바닥에 가시가 박혔어요. 手の平にとげが突き刺さりました。

● 허벅지에 총알이 박혔어요. 太股の内側に弾丸が撃ち込まれました。

동물이나 벌레에 의해 다쳤을 때 어떻게 말해요?
動物園や昆虫によって怪我した時どのように言いますか。

● 멧돼지한테 물렸어요. 猪に噛まれました。

● 뱀한테 물렸어요. 蛇に噛まれました。

● 벌에 쏘였어요. 蜂に刺されました。

● 개한테 물렸어요. 犬に噛まれました。

● 소뿔에 받쳤어요. 牛の角に突かれました。

● 말한테 밟혔어요. 馬に踏みつけられました。

- 말에서 떨어졌어요. 馬から落ちました。
- 닭한테 쪼였어요. 鶏に突かれました。

설사 응급조치 下痢 応急措置

- 따뜻하게 자고, 안정을 취한다. 温かくして休み、安静にする。
- 음식물에 의한 설사는 먹은 음식을 모두 토하도록 한다.

  食べ物による下痢は食べた物をすべて吐くようにする。

- 탈수현상을 예방하기 위하여 따뜻한 물을 마신다.

  脱水症状を予防するために温かい水を飲む。

- 절식을 한다. 絶食(断食)をする。
- 만성설사는 의사와 상담하여 치료를 받는다.

  慢性の下痢は医者と相談して治療を受ける。

식중독 응급조치 食中毒 応急措置

- 소금물을 마셔 음식물을 토하도록 한다.

  塩水を飲ませ飲食物を吐くようにする。

- 절식을 한다. 絶食(断食)をする。
- 몸을 따뜻하게 한다(특히 위와 발). 体を温かくする(特に上半身と足)。
- 링거, 포도당 주사, 강심제 등을 맞는다.

  点滴、ブドウ糖注射、強心剤などをうつ。

● 병원으로 이송한다. 病院に搬送する。

출혈이 심할 때 出血がひどい時

● 붕대를 두껍게 대고 단단하게 매어준다.

包帯を厚めに当ててしっかり結ぶ。

● 출혈부를 심장보다 높게 하고 얼음을 댄다.

出血部を心臓より高くして氷を当てる。

● 솟는 출혈이면 심장에 가까운 동맥을 손으로 강하게 누른다.

勢いのとまらない出血であれば、心臓に近い動脈を手で強く押す。

● 가능한 머리가 흔들리지 않도록 한다.

できる限り頭が揺れないようにする。

고열 응급조치 高熱 応急措置

● 조용히 절대안정을 취한다. 静かに絶対安静にする。

● 몸을 따뜻하게 유지하고 땀이 나면 옷을 갈아입는다.

体を温かく維持して汗が出たら服を着替えさせる。

● 음주, 흡연, 목욕, 운동을 삼가한다. 飲酒、喫煙、入浴、運動を控える。

● 소화가 잘 되는 음식과 비타민C를 많이 섭취한다.

消化が良い食べ物とビタミンCをたくさん取る。

● 병원으로 이송한다. 病院に搬送する。

뇌졸중으로 쓰러질 때 脳卒中で倒れた時

- 쓰러진 상태로 조용히 자게 한다.

  倒れた状態で静かに寝かせる。

- 이름을 부르거나 어깨를 흔들면 안 된다.

  名前を呼んだり肩を揺らしてはいけない。

- 의사가 올 때까지 절대 안정. 医者が来るまで絶対安静。

- 복장을 느슨하게 하고 호흡을 편하게 한다.

  服を緩めて呼吸を楽にする。

- 추운 곳이면 4명 정도가 적당한 곳으로 옮기고, 목과 머리가 움직이지 않도록 한다.

  寒い所なら4人程度が適当な場所に移し、首と頭が動かないようにする。

머리를 강하게 부딪쳤을 때 頭を強くぶつけた時

- 우선 안정을 취한다. まずは安静にする。

- 머리 부상은 후유증이 남기 쉽다.

  頭の負傷は後遺症が残りやすい。

- (일시적인 방법일 뿐 오래 지속되면 안 됨.)

  一時的な方法であるだけで長く続けてはいけない。

뇌빈혈로 쓰러졌을 때 脳貧血で倒れた時

● 창문을 열고 환기시키거나 나무 그늘로 옮긴다.

窓を開けて換気したり木陰に移す。

● 강한 산이나 암모니아로 자극하거나 콧구멍을 계속 간지럽힌다.

強い酸やアンモニアで刺激したり鼻の穴を刺激し続ける。

● 의식이 회복되면, 술, 커피 등 흥분성 음료를 마시게 해도 좋으나 빨

리 깨우지 않으면 안 됨. 意識が回復したら、酒、コーヒー等興奮性の飲料

を飲ませてもいいが、早く起こさなくてはダメ。

심장이 멎어 쓰러졌을 때 心臓が止まって倒れた時

● 몸을 위로 향하게 한 후 자게 한다. 体を仰向けにしてねかせる。

● 맥이 멎어 있는지 확인한다. 脈がうっているか確認する。

● 심장 마사지를 한다. 心臓マッサージをする。

● 인공호흡을 병행한다. 併行して人工呼吸をする。

멀미 응급조치 よい 応急措置

● 환기를 시킨다. 換気をする。

● 버스는 앞 좌석에 앉도록 한다. バスの前の方に座るようにする。

● 먼 곳을 본다. 遠くを見る。

● 넥타이, 벨트 등을 느슨하게 맨다. ネクタイ、ベルトなどを緩く結ぶ。

기타 응급조치 その他応急措置

- 순간 의식불명 急性意識不明
- 소아 약물, 독물 중독 및 과용 小児薬物、毒物中毒または過用
- 발열 発熱
- 경련 痙攣
- 복통 腹痛
- 화상 やけど
- 이물질을 삼켰을 때 異物を飲み込んだ時
- 동물이나 뱀에 물렸을 때 動物やへびに噛まれた時
- 코피가 날 때 鼻血が出る時
- 화상을 입었을 때 やけどをした時
- 벌레에 물리거나 쏘였을 때 虫に噛まれたり刺された時
- 타박상을 입었을 때 打撲した時

중독 中毒

- 약물 중독의 일반적 처치 薬物中毒の一般的処置
- 수면제 중독 睡眠薬中毒
- 복어 중독 フグ中毒
- 가스 중독 ガス中毒
- 버섯 중독 キノコ中毒

- 급성 알코올 중독 急性アルコール中毒
- 농약 중독 農薬中毒

눈의 문제 目の間題

- 화학 물질이 눈에 들어갔을 때 化学物質が目に入った時
- 눈에 이물질이 들어갔을 때 目に異物が入った時
- 눈 주위 피부가 찢어져 피가 나요.

  目のまわりの皮膚が裂けて血が出ます。

- 갑자기 눈이 안 보입니다. 急に目が見えなくなりました。

귀의 문제 耳の問題

- 귓속의 이물질 耳の中の異物
- 귀가 아플 때 耳が痛い時

응급실 대화 救急室質疑

- 예전에도 이런 적이 있었어요?

  以前にもこんなことがありましたか。

- 예전에는 어느 병원을 다니셨어요?

  以前にはどこの病院に通いましたか。

- 지난 번과 같은 증상인가요? 前回と同じ症状ですか。

● 지난번에는 어땠어요? 前回はいかがでしたか。

● 보호자에게 연락해 주세요. 保護者に連絡してください。

● 다른 병원으로 가시겠습니까? ほかの病院へ移りますか。

● 다니시던 병원으로 옮기겠습니까? 通っている病院へ移りますか。

● 조금 더 상황을 지켜보실래요, 아니면 다른 큰 병원으로 이동하시겠
   습니까? 少し様子をみますか、あるいはほかの大型病院へ移りますか。

● 구급차를 불러드릴까요? 救急車を呼びましょうか。

● 어느 분이 같이 따라가실 건가요? どなたが一緒に同行いたしますか。

● 응급실에 보호자도 같이 대기해야 하나요? 救急室に保護者も一緒に待
   たなければいけませんか(待機するべきですか)。

● 혈압과 맥박은 정상입니다. 血圧と脈拍は普通(正常)です。

● 상황을 조금 두고 지켜봐야겠습니다.
   様子を少しみてみなければなりません。

● 담당 의사 선생님 성함이 어떻게 되시나요?
   担当先生のお名前は何でしょうか。

● 담당 선생님이 오늘 비번입니다. 担当の先生が今日は留守です。

● 어제 담당했던 선생님이 교대하셔서 다른 선생님이 보십니다.
   昨日担当した先生が交代し、別の先生が診察いたします。

● 환자의 기록을 좀 보고 싶습니다만.
   患者の記録(カルテ)をみたいですか。

● 환자의 기록이 남아 있는지요? 患者の記録が残っていますか。

● 다른 검사를 좀 해봐야겠습니다.

ほかの検査をしてみなければなりません。

● 먼저 접수를 해주시겠습니까? 先に受付を済ませて頂けますか。

● 지금부터 엑스레이를 찍고 피 검사를 하겠습니다.

これからレントゲンをとり、血液検査をいたします。

● CT촬영을 하겠습니다. CT撮影をいたします。

● MRI촬영을 하겠습니다. MRI撮影をいたします。

● 옷을 다 벗어 주세요. すべての服をぬいでください。

● 계속 주물러 주세요. 続いて揉んでください。

● 계속 잡고 계세요. 続いて握ってください。

● 자꾸 말을 걸어 주세요. 続いて話かけてください。

● 아직 의식이 돌아오지 않고 있습니다. まだ意識が戻っていません。

● 맥박과 호흡 상태를 좀 보겠습니다. 脈拍と呼吸状態をみます。

● 영양주사를 놓겠습니다. 栄養注射を打ちます。

● 링겔이 다 떨어지면 얘기하세요. 点滴が終わったら教えてください。

● 지금 먹던 약은 어떻게 하나요? 今飲んでいる薬はどうしますか。

● 호흡곤란으로 갑자기 쓰러졌습니다. 呼吸困難で急に倒れました。

● 상황이 좋아지지 않으면 전기 충격기를 사용해 보겠습니다.

状況がよくならないと電気衝撃機を使用します。

● 초음파 검사를 했으나, 오진으로 판명되었습니다.

超音波検査をしましたが、誤診と判明いたしました。

병명 病名

1. 노인과 요실금 老人と尿失禁

노인 老人	응급대처 応急処置
요실금 尿失禁	한방치료 漢方治療
운동 運動	증상/진단 症状/診断
노화방지 老化防止	치매 痴呆(認知症)
장수비결 長寿の秘訣	관절염 関節炎
	운동요법 運動療法
우울증 うつ病	한방치료 漢方治療
섹스 セックス	
노안 老眼	류마티스 リュウマチス
틀니 入れ歯	퇴행관절 退行関節(の衰え)
난청 難聴	골다공 骨粗鬆症
심장병 心臓病	칼슘 カルシウム
노후생활 老後の生活	디스크 椎間板ヘルニア
중풍 不随	퇴행성관절염 変形性関節炎
예방 予防	통풍 痛風
치료 治療	

병명 病名

2. 의료 용어 医療用語

간호사실 Nurse station ナースステーション（ナースセンター）

약국 pharmacy 薬局

간병인 Certified Nursing Assistant(CNA) 看病人（付き添い人）

구급차 ambulance 救急車

병동 ward 病棟

마취 anesthesia 麻酔

분만실 delivery room 分娩室

수술실 operating room 手術室

박테리아성 bacterial バクテリア性

바이러스성 virus ウイルス性

균/세균/미균/병원균 germ 菌・細菌・黴菌・病原菌

불치 incurable 不治

중증 serious illness 重症

풍토병 endemic disease 風土病

선천성 congenital 先天性

우발적 sporadic 偶発的

신진대사 metabolic 新陳代謝性

치료불가 inveterate 治療不可

만성적 chronic 慢性的

동맥질환 artery 動脈疾患

병명 病名

직업병 occupational disease 職業病

악성 malignant 悪性

3. 임상과별 병명 안내 臨床科別病名案内

내과 internal medicine 内科

소화기질환 Digestive Disease 消化器疾患

위궤양 gastric ulcer 胃潰瘍

위염 gastritis 胃炎

위장염 gastroenteritis 胃腸炎

위암 Stomach cancer 胃癌

위산과다 hyperchlorhydria 胃酸過多

궤양성대장염 ulcerative colitis 潰瘍性大腸炎

식도암 esophageal carcinoma 食道癌

대장염 colitis 大腸炎

치질 hemorrhoidal 痔

간경화 hepatic dirrhosis 肝硬変

간암 hepatoma 肝がん

십이지장염 duodenitis 十二指腸炎

식도염 esophagistis 食道炎

식중독 food poisoning 食中毒

알아두면 유용한 표현
知ると有益な表現

병명 病名

위통 stomach ache 胃痛

복통 abdominal pain 腹痛

위경련 gastralgia 胃痙攣

위하수 gastroptosis 胃下垂

장염 enteritis 腸炎

장티푸스 enteric fever 腸チフス amebic dysentry 赤痢

열대성설사 sprue 熱帯性下痢

췌염·췌장염 pancreatitis 膵炎·膵臓炎

구토증 nausea 吐き気

구토 vomiting 嘔吐

설사 diarrhea 下痢

변비 constipation 便秘 firm stool 硬い便·硬便

혈변 stool with blood 血便

점액변 stool with mucus 粘液便

악취변 stool with odor 悪臭便

묽은 변 watery 水分が多い便

부드러운 변 soft 軟らかい便·軟便

소화불량 dyspepsia 消化不良

감기 cold 風邪

기침 sneezing くしゃみ

코막힘 clogge-up nose 鼻づまり

병명 病名

건조한 목 dry throat 乾燥した喉

눈물 water eyes 涙

한기 chills 寒気

열 fever 熱

두통 headache 頭痛

충혈 congestion 充血

기침 coughing 咳

발열 fever 発熱

황열병 yellow fever 黄熱病

자반열 purpuric fever 紫斑熱

류마티스 rheumatic fever リウマチ熱

림파선열 glandular fever リンパ腺熱

발진성열 eruptive fever 発疹性熱

장티푸스성열 typhoid fever 腸チフス性の熱

성홍열 scarlet fever 猩紅熱

발진티푸스 putrid fever 発疹チフス

건초열 hay fever 乾草熱

산욕열 puerperal fever 産褥熱·産床熱

말라리아 malarial fever マラリア

소모열 hectic fever 消耗熱

고열 high fever 高熱

병명 病名

염증성열 inflammatory fever 炎症性の熱

호흡기질환 Pulmonary Disease 呼吸器疾患

편도염 tonsillitis 扁桃炎

폐암 lung cancer 肺癌

폐렴 pneumonia 肺炎 pneumoconiosis 塵肺症

폐결핵 pulmonary tuberculosis 肺結核

천식 asthma 喘息

기관지천식 bronchial asthma 気管支喘息

기관지염 bronchial asthma 気管支炎

폐전색증 pulmonary embolism 肺栓塞症

폐기종 emphysema 肺気腫

공핵 chesty coughs 空咳 phlegm 痰

호흡곤란 dyspnea 呼吸困難

이비인후과 otolaryngology 耳鼻咽喉科

중이염 otitis 中耳炎

후두염 laryngitis 喉頭炎

이하선염 parotitis 耳下腺炎

축농증 empyema 蓄膿症

후각상실 anosmia 嗅覚喪失

병명 病名

이명 tinnitus 耳鳴

이후 earwax 耳垢

비혈 nose blood 鼻血

난청 impaired hearing 難聴

실어증 aphasia 失語症

실성증 aphonia 失声症

호흡정지 apnea 呼吸停止

구내염 stomatitis 口内炎

아구창/위구창 thursh 牙口瘡・危口瘡

알레르기성비염 allergic rhinitis アレルギー性鼻炎

유행성이하선염 mumps 流行性耳下腺炎

이·구강질환 Mouth Disease 歯·口腔疾患

치과의학 dentistry 歯科医学

충치 teeth caries 虫歯

치조농루 alveolar blennorrhea 歯槽膿漏

치아교정 teeth-straightening 歯牙矯正

치아표백 tooth bleaching 歯牙漂泊

치통 odontalgia 歯痛

치주염 alveolar blennorrhea 歯周炎

병명 病名

눈질환 Eye Disease 眼疾患

백내장 cataract 白内障

녹내장 glaucoma 緑内障

심장병 cardiac disease 心臓病

심장마비 heart attack 心臓麻痺

협심증 angina 狭心症

뇌졸중 stroke 脳卒中

혈전증 coronary thrombosis 血栓症

심장염 carditis 心臓炎

변막증 vulvular disease 弁膜症

심장수축압 systtolic pressure 心臓収縮圧

심장확장압 diastolic pressure 拡張期圧

뇌심장염 endocarditis 脳心臓炎

순환기질환 Circulatory Disease 循環器疾患

심부전 heart failure 心不全

심장변막증 valvular disease 心臓弁膜症

허혈성심질환 ischemic heart disease 虚血性心疾患

선천성질환 congenital anomaly 先天性疾患

부정맥 arrhythmia 不整脈

병명 病名

고혈압 hypertension 高血圧

심근경색 heart infarction 心筋梗塞

간 장애 liver damage 肝障害

간염 hepatitis 肝炎

알코올중독 chronic alcoholic アルコール中毒

만성알코올중독 chronic alcoholism 慢性アルコール中毒

간경화 cirrhosis 肝硬化·肝硬変

황달 jaundice 黄疸

위장병 diseases of kidneys 腎臓病

수종/부종 edema 水腫·浮腫

위장결석 kidney stone 腎臓結石

위장통 gastroenteralgia 胃腸痛

위출혈 kidney hemorrhage 腎出血

위장염 gastroenteritis 胃腸炎

신장통 renal colic 腎臓痛

신장염 nephritis 腎臓炎

혈뇨 hematuria 血尿

빈뇨 pollakiuria 頻尿

혈뇨증 hematuria 血尿症

신우염 pyelitis 腎盂炎

병명 病名

방광염 cystitis 膀胱炎

전립선염 prostatitis 前立腺炎

농뇨증 pyuria 膿尿症

요독증 uremic poisoning 尿毒症

요관결석 stone in the ureter 尿管結石

당뇨병 diabetes 糖尿病

신장·비뇨기질환 Kidney·Urologic Disease 腎·泌尿器疾患

비뇨기과 urology 泌尿器科

급성신부전 acute renal failure 急性腎不全

만성신부전 chronic renal failure 慢性腎不全

급성사구체신염 acute glomerulonephritis 急性糸球体腎炎

요로결석 urinary stone 尿路結石

신종양 renal tumor 腎腫瘍

전립선암 prostatic cancer 前立腺癌

혈액질환 Hematologic Disease 血液疾患

백혈병 leukemia 白血病

혈우병 hemophilia 血友病

악성림프종 malignant lymphoma 悪性リンパ腫

병명 病名

골수종 myeloma 骨髄腫

뼈·근육 이상 fracture·abnormalities of the muscles
骨·筋肉の異常

골종양 osteoma 骨腫瘍

골다공증 Osteoporosis 骨粗鬆症(こつそしょうしょう)

류마티스관절염 Rheumatoid arthritis リウマチ関節炎

신경통 neuralgia 神経痛

근육통 myalgia 筋肉痛

통풍 gout 痛風

관절염 arthritis 関節炎

류마티스 rheumatism リウマチ

골수염 osteomyelitis 骨髄炎

골절 fractures 骨折

탈구치료 manipulate the bone 脱臼の治療

피부질환 Skin Disease 皮膚疾患

피부염 dermatitis 皮膚炎

아토피피부염 atopic dermatitis アトピー性皮膚炎

두드러기 wheal じん麻疹(みみずばれ)

열상(화상) burn 熱傷

병명 病名

무좀 tinea pedis 水虫

뇌·신경질환 Brain·Nervous Disease 脳·神経疾患

신경학 neurology 神経学

뇌혈관장애(뇌졸증) cerebrovascular disorder 脳血管障害

뇌성마비 ceretral palsy 脳性麻痺

뇌종양 brain neoplasm 脳腫瘍

뇌빈혈 cerebral anemia 脳貧血

뇌내출혈 cerebral hemorrhage 脳溢血·脳内出血

뇌출혈 cerebral hyperemia 脳充血

뇌염 encephalitis 脳炎

뇌척수막염 cerebrospinal meningitis 脳脊髄膜炎

파킨슨병 Parkinson's disease パーキンソン病

간질 epilepsy 癲癇

여성질환 Female Disease 女性疾患

부인과 gynecology 婦人科

유산 abortion 流産

유방암 breast cancer 乳がん

병명 病名

불임증 infertility 不妊症

자궁암 uterine cancer 子宮がん

자궁근종 uterus myoma 子宮筋腫

자궁내막증 endometriosis 子宮内膜症

신경내분비질환 Neuroendocrine Disease 神経内分泌疾患

애디슨병 Addison's disease アジソン病

쿠싱증후군 Cushing's syndrome クッシング症候群

당뇨병 diabetes mellitus 糖尿病

고지혈증 hyperlipemia 高脂血症

갑상선암 thyroid cancer 甲状腺癌

색인
索引

색인

索引

문답식 일본어 경어

안병곤, 정희순 공저 / 12,000원 / 196쪽

이 책에는 경어를 일상생활 경어, 서비스 분야 경어, 사무 경어, 전화 경어로 분류하여 가장 생활 속에서 많이 쓰이고 필요한 경어 문형만을 모아 집중 학습할 수 있도록 구성하였다. 존경어, 이중경어, 방문, 손님 초대 시, 비즈니스 표현, 회의 시, 전화 교환, 항의 전화 등 세부적으로 경어가 나오는 상황을 다뤄 학습자가 단기간에 일본어 경어 문법 체계를 학습할 수 있도록 하였다.

일본어교사를 위한 학습분석과 디자인

오카자키 히토미, 오카자키 도시오, 이케다 레이코 공저/김지선 역 / 15,000원 / 244쪽

이 책은 그러한 연구성과를 일본어교육 실천과 연계시키기 위한 방법에 대해 논의를 이끌어내고 더욱더 효율적인 일본어학습을 강구하기 위한 취지에서 시작되었다. 먼저 저자는 일본어교육에서 행해지는 학습을 '언어습득의 일반적인 과정'에서 분석하는, 가장 원론적인 입장에서 분석하기 시작하여, 여기에 효과적인 일본어 학습을 가능토록 설계하는 새로운 디자인을 제시한다.

테마별로 학습하는 오모시로이 일본어회화

지은이 : 허인순, 아오모리 쓰요시, 박성태 / 12,000원 / 114쪽

이 책은 글로벌 정보화 시대에 일본어를 능숙하게 구사하기 위해 노력하는 일본어 학습자를 위한 책으로 구체적으로 초급 일본어 학습과정을 마친 학습자가 유창하게 회화를 구사하기 위해 먼저 기초를 다지고 중급으로 도약하는 과정에서 필요한 교재이다.
이 책의 구성은 단원별로 [본문] [포인트체크] [회화연습] [자유롭게 이야기합시다] [가타카나의 세계로 구성되어 있습니다.

한국어-일본어
병원용어 病院用語
の韓日表現

초판 1쇄 발행일 2012년 2월 17일

지은이 장미영·손일선
펴낸이 박영희
편집 이은혜·김미선·신지항
책임편집 김혜정
인쇄·제본 AP프린팅
펴낸곳 도서출판 어문학사
　　　　132-891 서울특별시 도봉구 쌍문동 525-13
　　　　전화: 02-998-0094/편집부: 02-998-2267
　　　　홈페이지: www.amhbook.com
　　　　트위터: @with_amhbook
　　　　블로그: 네이버 http://blog.naver.com/amhbook
　　　　　　　　다음 http://blog.daum.net/amhbook
　　　　e-mail: am@amhbook.com
　　　　등록: 2004년 4월 6일 제7-276호

ISBN　978-89-6184-258-7　13730
정가　15,000원

이 도서의 국립중앙도서관 출판시도서목록(CIP)은 e-CIP
홈페이지(http://www.nl.go.kr/ecip)와 국가자료공동목록시스
템(http://www.nl.go.kr/kolisnet)에서 이용하실 수 있습니다.
(CIP제어번호: CIP2012000143)

※잘못 만들어진 책은 교환해 드립니다.